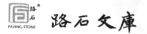

人口老龄化对我国货币政策传导机制的影响研究

The Influence of Population Aging on the Monetary Policy Transmission Mechanisms in China

刘枭 著

西南财经大学出版社
Southwestern University of Finance & Economics Press

图书在版编目（CIP）数据

人口老龄化对我国货币政策传导机制的影响研究/刘枭著．—成都：西南财经大学出版社,2016.4

ISBN 978 - 7 - 5504 - 2352 - 7

Ⅰ.①人… Ⅱ.①刘… Ⅲ.①人口老龄化—影响—货币政策—研究—中国 Ⅳ.①C924.24②F822.0

中国版本图书馆 CIP 数据核字（2016）第 053698 号

人口老龄化对我国货币政策传导机制的影响研究

RENKOU LAOLINGHUA DUI WOGUO HUOBI ZHENGCE CHUANDAO JIZHI DE YINGXIANG YANJIU

刘枭 著

责任编辑：向小英
封面设计：杨红鹰
责任印制：封俊川

出版发行	西南财经大学出版社(四川省成都市光华村街 55 号)
网 址	http://www.bookcj.com
电子邮件	bookcj@foxmail.com
邮政编码	610074
电 话	028 - 87353785　87352368
照 排	四川胜翔数码印务设计有限公司
印 刷	郫县犀浦印刷厂
成品尺寸	155mm×230mm
印 张	12
字 数	170 千字
版 次	2016 年 4 月第 1 版
印 次	2016 年 4 月第 1 次印刷
书 号	ISBN 978 - 7 - 5504 - 2352 - 7
定 价	68.00 元

《路石文库》总序

　　市场经济时代，少了些对理想和精神的执着，淡了些对社会与国家的思索，多了些愤慨，多了些麻木，多了些自我，多了些"搭便车"的心态。现实与理想的冲突让我们陷入了沉思：当我们想搭便车的时候，我们是否想到谁来开车？当我们仰望天空的时候，我们是否感到心灵坦然？正是基于这样的沉思，我们创建了路石律所。

　　路石人不奢求引领社会，更不奢求改变社会，但是路石人却流淌着先哲与先烈一样的血液，对民族怀着深沉的爱恋。作为法律人士，我们希望能为中国法治进程与社会进步贡献自己的微薄之力，甘做一颗颗小小的铺路石。我们希望人们在前行的路上，能够感受到这些小小石头的坚韧，感受到它们五彩的斑斓。正是基于这样的情怀，我们决定创建《路石文库》。

　　秉承路石核心文化《路石铭》中"待财稍余，即资穷困以解潦倒，更举刊社以播思想"的办所理念，在路石律所成立八周年之际，《路石文库》翻开了第三页。

　　《路石文库》开创了国内律师事务所出版综合性系列丛书的先河。文库采取不定期陆续推出的方式，面向全球征集稿件，不求作者名气与身份，唯求图书质量与价值。凡有助中国法治进程、有益中国社会进步之佳作，皆属文库编辑委员会遴选之对象，皆有入选文库之可能。应征稿件经文库编辑委员会审订后，择优推荐给出版社，一经采用，即由路石基金资助出版。

　　我们相信：善良的人们内心永远有着对公平正义与民主法治的渴望，善良的人们内心永远有着对国家富强与文化复兴的向往。我们相信：集民间智慧，聚众沙成塔，我们的社会将不断进步。诚如斯，孔子所鄙视的"不义而富且贵"的社会终将成为过去，这是路石律所的希望和追求，也正是《路石文库》创办的目的。

路石律师事务所

2016 年 3 月于成都

摘　要

　　凤凰网评论专栏作家俞天任说过，老龄化社会是无解的，除了尽力推迟其到来之外没有其他办法。2013 年年底，全世界 210 个国家和地区中，有 95 个已进入老龄化社会，毋庸置疑，老龄化已成为全球性现象，越来越多的国家开始面临老龄化带来的一系列问题。2000 年年底我国 65 岁及以上人口达到 8 913 万人，占总人口比例的 7.01%，标志着我国迈入老龄化国家行列。因此，老龄化对我国经济社会发展的影响已成为当前乃至今后相当长时间内学术研究的重点和热点问题。

　　本书立足我国金融发展和货币政策的实际，研究了人口老龄化对货币政策利率传导机制、信贷传导机制、汇率传导机制和资产价格传导机制的影响，分析了货币政策传导机制的各个影响因素，提出了改革我国货币政策传导机制的政策建议。

　　本书以人口转变理论、生命周期假说和凯恩斯主义货币政策传导理论为理论基础，并使用单位根检验、Johansen 协整检验、Granger 检验、向量自回归模型对人口老龄化对货币政策传导机制的影响进行实证研究，通过理论分析得出结论，从而形成了基础理论—文献综述—现实问题—实证检验—政策建议的逻辑体系。

　　本书介绍了我国人口老龄化的现状并归纳出人口老龄化的新特点与新趋势，分析了老年人口独特的金融行为，以及人口老龄化与金融创新、人口老龄化与金融风险的关系，正是因为人口老龄化对金融创新与金融风险的影响，人口老龄化对货币政策传导机制的影响才有了前提与基础。

关于人口老龄化对货币政策利率传导机制的影响方面。梳理了货币政策利率传导机制的主要理论，即货币数量论、凯恩斯主义的IS-LM模型以及货币主义学派利率传导理论，分析了利率传导机制作用于市场主体的经济行为和我国利率传导机制的体系与特征，并就货币政策的利率传导机制并嵌入人口年龄结构的影响进行了文献回顾，采用2002—2012年人口老龄化、货币供应量、利率、消费、经济增长等变量指标进行实证研究，结果表明人口老龄化对货币政策利率传导机制有一定的影响，但效果不显著；中央银行通过制定扩张或者紧缩性货币政策，将引起市场利率的变化，但市场利率的变化不能引起投资和消费的显著变化，因而对经济发展的影响不明显，利率传导机制在我国有一定实效，但不太明显。

关于人口老龄化对货币政策信贷传导机制的影响方面。厘清了货币政策信贷传导机制的发展脉络和理论基础，分析了信贷渠道传导货币政策的主要途径，对人口老龄化对我国货币政策信贷传导渠道的影响机制进行了探讨，采用2002—2012年人口老龄化、财政赤字、货币供应量、通货膨胀、银行贷款等变量指标实证分析了人口老龄化对我国货币政策的信贷传导影响，研究表明我国人口老龄化对货币政策信贷传导机制有效，我国货币政策信贷传导机制是货币政策传导的主渠道。

关于人口老龄化对货币政策汇率传导机制的影响方面。分析了货币政策汇率传导机制的主要理论，包括购买力平价理论、利率平价理论和蒙代尔-弗莱明模型，介绍了成熟市场经济下的汇率传导机制，分析了我国当前汇率制度下的汇率传导机制，并梳理了影响国内外汇率传导机制的相关文献，分析了人口老龄化对货币政策汇率传导机制影响的作用机理，采用2002—2012年人口老龄化、货币供应量、人民币实际有效汇率、净出口和经济增长等变量指标进行实证研究，研究发现人口老龄化对货币政策汇率传导机制有一定的影响，但效果不显著，货币供应量的变化将很难引起实际有效汇率的变化，短期来看实际有效汇率的变化对净出口变化有影响，但长期对经济发展的影响不明显，说明我国汇率传导机制的有效性存在阻滞。

　　关于人口老龄化对货币政策资产价格传导机制的影响方面。介绍了货币政策资产价格传导机制的主要理论和美国、日本的资产价格货币政策传导经验，分析了我国资产价格传导机制的影响因素并就相关问题进行文献梳理，分析了人口老龄化对货币政策资产价格传导机制影响的作用机理，采用2002—2012年人口老龄化、货币供应量、资产价格、消费和经济增长等变量指标进行实证研究，研究认为人口老龄化对货币政策资产价格传导机制影响微弱。中央银行通过制定扩张或者紧缩性货币政策，通过货币供应量能传导到股票市场和房地产市场，房地产价格能引起消费的显著变化，并对经济增长产生影响，但不能通过股票市场传导到消费市场并促进经济增长。我国资产价格传导机制有一定效果，其中货币政策通过房价传导到消费的效果明显强于股票市场价格。

　　在我国人口老龄化背景下，本书根据我国金融改革的实际，提出了改革货币政策传导机制的具体措施和政策建议。

　　关键词：人口老龄化　货币政策传导机制　利率政策　信贷政策　汇率政策　资产价格

Abstract

"There is no other solution to the aging society, except for delaying its approaching." said Yu Tianren, columnist of Phoenix New Media. By the end of 2013, 95 of the 210 countries and regions in the world have entered aging society, demonstrating that aging has grown into a global phenomenon vexing a growing number of countries. InChina, 7.01 percent of the population (totaling 89.13 million people) was 65 and over till 2000, marking that China has stepped into the list of aging society. Hence, the impact of aging on our economic and social development has proved to be the focus and hot issue of our academic research now and for quite a long time in the future.

Based on the financial development as well as monetary policies of China practically, this present thesis is directed toward the impact of population aging on the interest rate transmission mechanism, the credit transmission mechanism, exchange rate and asset price transmission mechanism of monetary policy, analyses various influential factors to and puts forward political proposals on the reform of our monetary policy transmission mechanism.

On the theoretical basis—the demographic transition theory, life − cycle hypothesis and Keynesianism's monetary policy transmission theory, this thesis adopts empirical research on the impact of population aging on monetary policy transmission mechanism by virtue of unit root test, Johansen cointegration test, Granger test, vector autoregression model

(VAR). Then, after drawing a conclusion by means of theoretical analysis, a logical system: basic theory − literature review − practical problem − empirical test− policy proposals, is shaped.

This thesis describesChina's current population aging, summarizes further the new features and new trends of it, and analyses the connection between population aging and financial innovation, population aging and financial risks. It is the impact of population aging on financial innovation and on financial risks that serves as a premise and basis for aging's impact on monetary policy transmission mechanism.

On the impact on the interest rate transmission mechanism of monetary policy, this present thesis sorts out the principle theories of interest rate transmission mechanism, namely the quantity theory of money, Keynesianism's IS−LM model and interest transmission theory of Monetarist school, discusses the acting on market players by interest rate transmission mechanism as well as systems and characteristics of China's interest rate transmission mechanism. Furthermore, the author employs literature review on the impact on interest rates transmission mechanism concerning population age structure, and empirical research measured by variables and indicators from the year 2002 to 2012, involving population aging, money supply, interest rates, investment, consumption, economic growth. The results demonstrates that certain but inconspicuous influence is exercised by population aging over interest rate transmission mechanism of monetary policy; although fluctuation on interest rate is bound to be caused, due to the expansionary or tightening monetary policy implemented by central bank, this volatility will not result in remarkable changes in investment and consumption, so as to in China's economic development. Thus the interest rate transmission mechanism due boasts of some affects inChina, but lacks obviousness.

On the impact on the credit transmission mechanism of monetary policy, this thesis clarifies the development course and rationale for the credit transmission mechanism, analyses main approaches, in terms of credit, to transmitting monetary policy, and discuses the impact mechanism of population aging on credit transmission channel. By adopting variables and indicators, namely population aging, budget deficit, money supply, inflation, bank loans, investment on fixed asset, economic growth from 2002 to 2012, the author empirically analyses the impact of population aging onChina's credit transmission mechanism of monetary policy. The study reflects that population aging plays a role in credit transmission mechanism of monetary policy, which serves as the major channel of monetary policy transmission accordingly.

On the influence on the exchange rate transmission mechanism of monetary policy, this thesis analyses the main theories for exchange rate transmission mechanism of monetary policy, including the theory of purchasing power parity, interest rate parity theory and Mundell − Fleming Model, and describes the exchange rate transmission mechanism in a mature market economy. Besides, analyzes on exchange rate transmission mechanism under the current exchange rate regime is conducted, as well as the clarification of the relevant records essential to exchange rate transmission mechanism both in domestic and overseas markets. Moreover, the author analyses the impact mechanism of population aging on exchange rate transmission mechanism. Assisted by variables and indicators, including population aging, money supply, the RMB real effective exchange rate, net exports, and economic growth from 2002 to 2012, the research finds slight influence is generated by population aging on exchange rate transmission mechanism, and an evident change of practical and effective exchange rate is unlikely to occur on condition that the money supply changes. Over the short term, changes in net exports volume are in accordance with changes of practical effective exchange rate. However, the impact on economic development is unnoticeable on a long − term basis. The findings above indicate that effectiveness ofChina's exchange rate transmission mechanism undergoes retardant.

On the effect on the asset price transmission mechanism of monetary policy, this thesis introduces the main theories of asset price transmission mechanism of monetary policy and experience of the United States and Japan in monetary policy transmission of asset price, discuses the influential factors of asset price transmission mechanism and clarifies literature of concerning problems, and analyses the mechanism of population aging on asset price transmission mechanism. Additionally, the author employs variables and indicators from 2002 to 2012, containing population aging, money supply, asset prices, consumption, investment and economic growth, and finds out that population aging exerts scarcely any influence on asset price transmission mechanism of currency policy. The change of money supply, caused by Central Bank through carrying out expansionary or tightening monetary policy, can be transmitted to the stock market and real estate market, while real estate prices can greatly affect consumption, and have bearing on economic growth. Nevertheless, this case is inapplicable to stock market. China has achieved a certain results in asset price transmission mechanism, in which real estate outstrips stock market price in its influence on consumption, transmitted from monetary policy.

In the context ofChina's population aging, this thesis, in view of actual status of China's financial reform, puts forward specific measures and political proposals, aiming at reforming China's monetary policy transmission mechanism.

Key words: Population aging, Monetary policy transmission mechanism, Interest rate policy, Credit policy, Exchange rate policy, Asset price

Impact of population aging on the monetary policy transmission mechanism

Study on the transmission mechanism of monetary policy the aging of the population

Key words: Population aging, Monetary policy transmission mechanism, Interest rate policy, Credit policy, Exchange rate policy, Asset price

目　录

1 绪论

1.1 问题的提出

1.1.1 选题的背景

党的十八大和十八届三中全会明确提出了深化金融体制改革，加快发展多层次资本市场，稳步推进利率和汇率市场化改革，维护金融稳定的改革发展目标，由此可以预期中央银行在相当长的时期内将继续实施稳健的货币政策，确保我国金融体制改革的顺利推进和经济发展目标的实现。稳健的货币政策的实施需要与之目标相协调的传导机制。货币政策传导机制是指中央银行运用货币政策工具影响中介目标，进而实现既定的货币政策最终目标的传导途径与作用机理，一般情况下，货币政策的传导是通过信贷、利率、汇率、资产价格等渠道进行的，中央银行根据货币政策目标的变化，不同时期的经济发展形势，以及影响经济发展的各要素分析，从而对这些传导渠道有所侧重和选择。

随着经济社会的发展，人类生活水平和健康保障水平的提高，人口老龄化已从抽象的概念逐步成为现实的问题而真真实实地呈现在我们面前，并演化成为世界性问题。一个国家无论是选择何种社会制度，也不论这个国家是贫穷还是富有，发达还是落后，在经济全球化背景下，都不可避免地受到老龄化的影响和冲击。从宏观上看，人口老龄化不仅影响一个国家经济的发展，还影响社会的进步，甚至波及政治制度的选择；从中观层面讲，人口老龄化影响社会保障制度的建立和完善，行业产业的调整，人力资源的差异和选择；从微观层面分析，人口老龄化影响个人投资与消费的选择，养老观念的改变，居民的日常行为等。因此，人口老龄化不仅是社会问题，也是经济问题。

我国改革开放 30 多年来，经济发展驶入高速通道，2013 年国民经济呈现稳中有进、稳中向好的发展态势，GDP 达到 56.9 万亿元，增速 7.7%，尽管是前 14 年来最低，但城乡居民人均收入分别为 29 547 元和 8 896 元，人均 GDP 超过 6 000 美元，已经迈入中等收入国家行列。2013 年全国规模以上工业增加值按可比价格计算比上年增长 9.7%，固定资产投资 436 528 亿元，比上年名义增长 19.6%，全年进出口总额 41 603 亿美元，比上年增长 7.6%，顺差 2 597.5 亿美元。[①] 但我国经济增长速度逐渐降低，金融支持经济增长的效率下降，系统性金融风险上升，财政收入增速放缓，制造业产能过剩严重并且化解任务艰巨，在世界经济不提供"增长红利"的情况下，我国经济增长的下行压力加大。

我国经济增长创造的"世界奇迹"以及近年来经济发展增速趋缓，一个重要的依存原因就是人口红利的变化。2012 年我国 15~59 岁劳动年龄人口在相当长时期里第一次出现了绝对下降，比 2011 年减少 345 万人[②]，这意味着人口红利趋于消失。蔡昉（2013）认为，人口红利趋于消失，将使中国经济增长趋势出现与以往截然不同的变化。中国农业富余劳动力从无限供给到短缺的刘易斯拐点正在来临，劳动力短缺、工资成本上升导致比较优势丧失，随着人口红利的逐渐消失，经济增长速度必然放缓乃至停滞。

金融是现代经济的核心，我国人口年龄结构的变化，直接和间接影响着我国经济的发展，也影响着我国货币政策的实施和效果。2013 年 12 月末，我国广义货币（M2）余额 110.65 万亿元，比上年增长 13.6%，狭义货币（M1）余额 33.73 万亿元，比上年增长 9.3%，流通中货币（M0）余额 5.86 万亿元，比上年增长 7.1%；同时，人民币贷款余额 71.9 万亿元，人民币存款余额 104.38 万亿元。

---

① 国家统计局，2013 年国民经济和社会发展统计公报。

② 国家统计局，2012 年国民经济和社会发展统计公报。

全年新增人民币贷款 8.89 万亿元，比上年多增 6 879 亿元，新增人民币存款 12.56 万亿元，比上年多增 1.74 万亿元①。所有数据与以前年度相比，增长幅度降低，环比下降。这些数据表明我国稳健货币政策的实施效应，也是我国经济增长减速的具体体现，也折射出人口年龄结构变化对我国货币政策的影响。

1.1.2 问题的提出

按照联合国关于划分人口老年型国家的标准，我国 65 岁及以上人口 2000 年达到 8 913 万人，占总人口比例的 7.01%②，标志着我国自 21 世纪起开始迈入老龄化国家行列。我国的人口老龄化迅速呈现出老年人口基数大、增速快、高龄化、失能化、空巢化等趋势，老龄问题与社会问题交错，老龄问题与经济发展问题叠加，引致了广泛的关注和深层次的探讨。关于中国老龄化的讨论和研究从起初单纯的养老体制改革、社会保障制度建立和完善、对经济增长的影响等，迅速扩展到研究老龄化对居民行为的影响、人力资源与人力资本、国际资本流动、家庭储蓄与消费、资本市场特别是股票市场、财政税收政策、货币政策目标等经济发展的各个领域。

老龄化与货币政策最终目标的关系。中央银行通过货币政策的制定和实施达到稳定物价、充分就业、经济增长、国际收支平衡和金融稳定，这是中央银行的价值追求和最高准则。老龄化对货币政策的影响，不仅是一种途径或者一个因素，更是中央银行制定实施货币政策需要践行的重要理念。老龄化如何通过货币政策传导机制影响货币政策最终目标，进而影响经济增长，我们有必要进行深入的研究与思考。

老龄化与货币政策传导机制的关系。在市场经济背景下，老龄化是影响储蓄和投资、居民消费以及资本市场等货币政策传导机制的重要因素，但对信贷政策的影响，对利率市场化、汇率市场化、资产价格的影响，以及影响程度如何，通过什么渠道和方式进行影响，不同的传导机制对货币政策目标的影响因子等，都会因此而发

---

① 中国人民银行，2013 年金融统计数据报告。
② 国家统计局，2000 年国民经济和社会发展统计公报。

生变化。对货币政策来说，这些都是基于人口老龄化这一长期无解的因素而提出的中长期课题。

对以上这些问题的研究与探讨，有的国外有类似的研究，有的还只是简单的推测和评论，而国内的研究总的来讲还比较欠缺，没有形成系统和体系，也没有权威的定论。而这些问题，无论是市场经济对金融资源配置的优化还是货币政策的操作与实施，随着我国老龄化社会的深入发展，愈发显得迫切而现实。

1.1.3 研究的意义

2013 年，世界总人口为 71.37 亿，其中 65 岁及以上人口占总人口的 8%，65 岁及以上人口 2013 年比 2012 年增长 1.3%[①]，已经超过了总人口的增长速度，意味着世界范围内人口老龄化程度进一步加深。2013 年年末，中国（不包括港、澳、台）总人口 136 072 万人，比上年年末增加 668 万人；出生人口 1 640 万人，人口出生率为 12.08‰，死亡人口 972 万人，人口死亡率为 7.16‰，人口自然增长率为 4.92‰。从年龄构成看，16 周岁及以上至 60 周岁以下（不含 60 周岁）的劳动年龄人口 91 954 万人，比上年年末减少 244 万人，占总人口的比重为 67.6%，60 周岁及以上人口 20 243 万人，占总人口的 14.9%，65 周岁及以上人口 13 161 万人，占总人口的 9.7%[②]。此外，随着人口出生率的持续下降和预期寿命的延长，我国逐步迈入老年期，尽管 2014 年逐步实施"单独二胎"生育政策，但因政策效应具有明显的时滞性，因此我国老龄化程度持续加深已成不争的事实。2005 年 12 月 12 日英国《金融时报》刊登了"中国能否绕过老龄化陷阱"的评论员文章，对中国如何应对人口老龄化发出了警示。可以说，在我国经济持续保持高速增长的背景下，人口老龄化对我国经济社会发展产生的不利影响，无论是政府还是普通民众，都缺乏应有的理论支撑和行动指南。因此，以人口老龄化为出发点来研究其货币政策的含义，具有十分重要的理论与现实意义。

无论是古典经济学还是现代货币主义，都非常关注人口年龄结

---

① 美国人口咨询局，2013 年世界人口数据表。
② 国家统计局，2013 年国民经济和社会发展统计公报。

构变化对经济发展的影响。自 19 世纪 60 年代发达国家率先出现人口老龄化后，无数经济学大师和学术巨擘都对人口老龄化展开了研究，从最初的人口年龄结构变化对储蓄投资的影响到人口老龄化对国家经济决策和个人具体经济行为探讨，无不彰显出人口老龄化理论研究的重要性、广泛性和深透性。2000 年前，我国有关人口老龄化的研究只有极少数人进行过理论的探讨，2000 年后一些年轻的学者开始运用实证方法进行研究，但都不系统和全面，在这其中研究人口老龄化对货币政策影响的文献更少，因此迫切需要在理论研究上取得进展和突破。本文运用现代科学的研究方法，利用宏观经济数据，实证研究人口老龄化对我国货币政策传导机制的影响，具有重要的研究价值。

　　在老龄化大背景下，研究老龄化的货币政策含义是现实的迫切需要。2004 年 4 月，周小川在中国人民银行和国际货币基金组织共同主办的"中国货币政策传导机制高级研讨会"上明确提出，我国在"研究货币政策传导机制问题时，应关注人口老龄化和社会保障体系对货币政策实施效果的影响"。中国正在快速地步入老龄化社会，中国金融体系过去所做的更多的是资源的跨地域、跨行业的配置。随着人口的快速老龄化，金融跨代资源的配置问题更加突出。同时，人口老龄化之后，全社会的储蓄率有可能逐渐下降，这对金融体系也是新的挑战①。

　　在我国推进利率和汇率市场化改革以及完善金融市场体系过程中，研究货币政策传导机制的各个影响因素，分析人口老龄化对利率、信贷、汇率、资产价格影响的作用机理，进而有效选择我国货币政策的制定与实施，对促进我国经济社会发展具有重要的价值。

---

① 项俊波，人口老龄化致储蓄率下降是金融体系新挑战，凤凰财经网：http：//finance. ifeng. com/news/special/lujiazui2012/20120629/6681109. shtml。

1.2 研究的方法、主要内容和框架结构

1.2.1 研究方法

本文在总结和梳理国内外研究成果以及考察中国人民银行、国家外汇管理局和银监会、证监会、保监会在货币政策传导机制实际操作中基本做法的基础上，以人口学和金融经济学基础理论为指导，在两大主体学科之间尽量融合与交叉，运用符合学术基本规范以及计量经济学和数学的方法对人口老龄化的最新发展研究、对货币政策传导机制的影响进行系统的阐述和深入的分析。

本文使用理论分析与实证研究、一般性和特殊性、定性分析和定量分析相结合的方法。具体来讲，综合运用单位根检验、Johansen协整检验、Granger检验、向量自回归（vector auto-regression，VAR）模型及事件分析法等实证方法和理论描述分析、文献梳理分析、动态研究等方法，并使用人口经济学、信息经济学、进化博弈论、认知经济学和行为金融学等思维方式与分析工具，系统地归纳、阐述人口老龄化对货币政策传导机制的影响，全面分析人口老龄化的发展特征，深入研究人口老龄化影响货币政策传导机制的作用机理，实证研究我国人口老龄化对货币政策传导影响的路径，从而为我国货币政策传导机制的改革和发展这个重大实践问题提供理论与决策参考。

1.2.2 研究边界

1.2.2.1 研究的对象边界

为实现研究目标，控制数据收集和模型选择，在相对宏观的研究对象中避免因环节过多和内容过繁而积累误差，本文在对国内外货币政策传导机制理论进行分析研究后，确定研究边界为人口老龄化对货币政策利率传导机制、信贷传导机制、汇率传导机制和资产价格传导机制四个主体进行考察，确定在我国目前货币政策框架下的实证研究，并包含显示影响传导各因素的政策变量。

货币政策四大传导渠道的影响因素繁多，在研究中没有包罗万象而是对影响变量进行选择，具体体现在：在货币政策的利率传导机制中，选择了货币供应量、利率、消费、经济增长为主要变量；在货币政策的信贷传导机制中，选择了财政赤字、货币供应量、通货膨胀、银行贷款为主要变量；在货币政策的汇率传导机制中，选择了货币供应量、人民币实际有效汇率、净出口和经济增长为主要变量；在货币政策资产价格传导机制中，选择了货币供应量、资产价格、消费和经济增长为主要变量。

1.2.2.2　研究的时间边界

关于人口老龄化和货币政策传导机制的研究，这两个方面在理论探索与实践操作中都有相当长的时间跨度，为便于考察新时期人口老龄化的发展趋势以及对现代货币政策传导机制的影响，在变量数据筛选中，选择了我国进入新世纪以来即 2002 年至 2012 年这 10 年的变量数据，因为这 10 年是中国经济跨越发展的十年，又是转型升级的十年和内涵发展的十年，具有较强的代表性。

1.2.3　技术路线

学术界关于货币政策传导机制的研究比较成熟，本书在研究中前置嵌入人口老龄化因素，因此不能采用传统的"理论推导—实证检验"的研究范式，也不宜采用提出问题—分析问题—解决问题的基本框架，本书选择了一条"基础理论—文献综述—现实问题—实证检验—政策建议"的技术路线，走一条从一般性到特殊性的技术路径。

在研究人口老龄化对四大传导渠道的影响中首先分析基础理论，从基础理论入手进行国内外相关的文献综述，再回到我国的现实环境，针对我国货币政策的特殊性利用理论模型进行实证检验，最后得出研究结论，提出相关的政策建议。

1.2.4　主要内容与框架结构

根据本书的行文逻辑和技术路线，从论文的框架结构来看，分为四大部分共八个章节。

第一部分，包括第一章和第二章。第一章是绪论，首先介绍论书的选题背景、问题的提出、研究的意义，再对其研究方法与边界、技术路线与框架结构进行简要介绍，最后在此基础上提出了本文的创新点与不足之处。第二章是研究的理论基础和文献综述。首先介绍了人口老龄化的基本概念与区别，其次介绍了人口老龄化影响货币政策传导机制的理论基础，包括人口转变理论、生命周期假说和凯恩斯主义货币政策传导理论，最后从四个方面回顾了已有的研究成果，并对相关研究进行了简单的评论。第一部分侧重于基础性、知识性的概括介绍，是后研究必需的铺垫和全书的基石。

　　第二部分，即第三章。首先介绍了我国人口老龄化的现状并归纳出人口老龄化的新特点与新趋势，其次以行为金融学为视角，分析了老年人口独特的金融行为以及人口老龄化与金融创新、人口老龄化与金融风险的关系，正是因为人口老龄化对金融创新与金融风险的影响，人口老龄化对货币政策传导机制的影响才有了前提与基础。

　　第三部分，包括第四至第七章，是本书的主体和核心。第四章分析了货币政策利率传导机制的主要理论即货币数量论、凯恩斯主义的 IS-LM 模型以及货币主义学派利率传导理论，分析了利率传导机制作用于市场主体的经济行为和我国利率传导机制的体系与特征，并就货币政策的利率传导机制嵌入人口年龄结构的影响进行了文献回顾，最后利用单位根检验、Johansen 协整检验、Granger 检验、VAR 模型对人口老龄化对货币政策利率传导机制进行实证研究，并得出初步结论。第五章首先厘清了货币政策信贷传导机制的发展脉络和理论基础，分析了信贷渠道传导货币政策的主要途径，再对人口老龄化对我国货币政策信贷传导渠道的影响机制进行了探讨，最后实证分析了人口老龄化对我国货币政策的信贷传导影响。第六章首先分析了货币政策汇率传导机制的主要理论，包括购买力平价理论、利率平价理论和蒙代尔-弗莱明模型，介绍了成熟市场经济下的汇率传导机制，然后分析了我国当前汇率制度下的汇率传导机制，并梳理了影响国内外汇率传导机制的相关文献，最后分析了人口老龄化对货币政策汇率传导机制影响的作用机理并进行实证研究。第七章介绍了货币政策资产价格传导机制的主要理论和资产价格的货币政策传导的美日经验，其次分析了我国资产价格传导机制的影响因素并就相关问题进行文献的梳理，最后分析了人口老龄化对货币政策资产价格传导机制影响的作用机理并进行实证研究。

第四部分，即第八章。结合第四至第七章的实证研究，分别得出研究结论，并根据我国金融改革的实际，提出了在我国人口老龄化背景下改革货币政策传导机制的具体措施和政策建议。第四部分既是全文的总结，也是研究的落脚点。

1.3 创新点与不足

1.3.1 书稿的创新点

本书从内容与方法上，希望能够从以下方面力求创新：

（1）目前国内外分别研究货币政策传导机制和人口老龄化的很多，但将两者结合起来交叉研究的很少，特别是国内还没有将两者结合起来进行系统研究，现存的文献碎片化，因此本书在选题方面具有一定的新颖性。

（2）目前国内的研究基本上都是探讨人口年龄结构或者人口老龄化对股票价格、房地产价格、实际有效汇率等资产价格的点对点的影响，而不是对货币政策的传导过程进行线条性一体化研究。本书在研究中将人口老龄化因素前置嵌入货币政策传导机制，探讨老龄化对货币政策传导机制整个过程的影响，最终形成对社会总需求和总产出的传导效应。

（3）本书分析了我国当前人口老龄化的发展现状，在继承传统的基础上，总结归纳出老龄化问题成为社会矛盾的聚焦点、老龄化问题凸显在城市而重点和难点在农村以及经济发展掩盖了老龄化问题三个方面的新特点和新趋势。

（4）本书利用我国2002—2012年有关历史数据引入单位根检验、Johansen 协整检验、Granger 检验、VAR 模型等实证研究方法验证和推导出人口老龄化对货币政策四大传导渠道的影响路径和传导效果，并总结出人口老龄化进程中完善我国货币政策传导机制的政策建议，获得的结论具有一定新意，且与我国金融改革与发展的实际相符，从而提高了研究的科学性。

1.3.2 研究的难点和不足

（1）我国经济社会发展的现实使人口老龄化对货币政策传导机制影响的研究隐性化。当前，我国金融改革正处于攻坚克难阶段，随着人口老龄化进程的深入，老龄化对经济社会发展的影响是全方位全过程的，但其影响深度是一个渐进的过程，其集聚的问题和矛盾也不可能顷刻间爆发，并且其表象可能与老龄化没有直接的联系，因此经济社会发展的深刻现实对人口老龄化与货币政策传导机制研究的影响提出了挑战。

（2）撷取数据的代表性和稳定性问题。我国经济的转型发展，金融创新的持续推进，曾经过往的数据对未来发展的影响和支撑效用如何，对本书的研究提出了挑战。

（3）分析变量的选择问题。影响人口老龄化的因素很多，影响货币政策传导机制的影响因子更多，涉及经济生活的方方面面，因而选取货币政策传导机制的具体变量数据的代表性，以及同一类型若干变量的选取问题，对本书的研究提出了挑战。

（4）成熟市场经济体的经验借鉴问题。我国进入老龄化社会的时间不长，货币政策传导机制尚处于变革当中，成熟的市场经济体在处理人口老龄化与货币政策有关问题的经验对我国的借鉴意义到底有多大，从数据上分析得出的结论对现实的改革发展有多大的指导意义，这对我们提出了思考。

（5）研究方法的问题。一方面本书的实证研究方法借鉴于国外成熟的研究范式，这种模型对我国数据的实用性如何，变量样本的选择对模型的依存度如何，对本文的研究提出了挑战。另一方面，由于国家及有关政府部门数据统计时间的差异，一些变量是年度指标，一些是季度指标，为了使变量数据体现出在时间上的一致性，在研究中要将这些指标处理成月度数据，因此其科学性有待进一步验证。

2 理论与研究综述

2.1 重要概念界定

2.1.1 老年人口及人口老龄化

2.1.1.1 老年人口

老年人口，通常指年龄超过 60 周岁或者 65 周岁以上的人口。联合国人口司、世界银行、美国人口咨询局等均采用 65 岁作为划分标准。与国际上将 65 岁以上的人确定为老年人的惯例做法不同，中国老龄委员会将 60 周岁作为我国老年人口起点的基本界限。2012 年 12 月 28 日十一届全国人大常委会第 30 次会议修订的《中华人民共和国老年人权益保障法》第二条规定："本法所称老年人是指 60 周岁以上的公民。"

为研究方便，在进行国际比较时，采用通用的国际标准，把 65 周岁及以上人口定义为老年人口，并明确加以说明和标注。在研究我国人口老龄化及其影响时，与国家规定相适应和匹配，将 60 周岁及以上人口定义为老年人口。

2.1.1.2 人口老龄化

人口老龄化是指总人口中年长人口数量增长速度超过年轻人口增长速度而导致老年人口比例相应增长的态势。根据 1956 年联合国《人口老龄化及其社会经济后果》确定的划分标准，当一个国家或地区 65 岁及以上老年人口数量占总人口比例超过 7% 时，就意味着这个国家或地区进入老龄化。1982 年维也纳老龄问题世界大会，确定

60 岁及以上老年人口占总人口比例超过 10%，意味着这个国家或地区进入老龄化。

美国人口咨询局《人口手册（第四版）》对人口老龄化的定义为，人口中成人和老龄人口的比例逐渐增加，而儿童和青少年的比例逐渐减少的过程。这个过程导致人口年龄中位数的上升；老龄化发生在生育率下降但预期寿命不变或老年人口的预期寿命得以延长的时候。邬沧萍（1986）指出，人口老龄化是老年人口在整个人口中的比例不断上升的过程。彭松建（1987）认为人口老龄化又可称为人口老年化或人口老化，是人口年龄结构老化的过程，人口年龄结构中老年人口的比重不断增高的过程。姜向群（1996）认为人口年龄结构的老龄化是生育率下降的一个直接的人口学后果，也是所有经历生育率下降的国家和地区所必然共同面临的一个一般性结果。

综上所述，人口老龄化就是指 60 岁以上人口占总人口比例达到 10%，或 65 岁以上人口占总人口比例达到 7% 的人口年龄结构状况，包含两个含义：一是指老年人口相对增多，在总人口中所占比例不断上升的过程；二是指社会人口结构呈现老年状态，进入老龄化社会。

2.1.2 老龄化的衡量指标

人口老龄化的衡量指标因研究和统计需要而不同，通常有年龄中位数、老龄人口抚养系数、老龄化率以及老年人口系数等，根据论文研究需要，在考察人口老龄化对货币政策传导机制影响时，主要采用老龄人口抚养系数、老年人口系数这两个指标。

（1）老龄人口抚养系数，也称老年抚养比，是指非劳动年龄人口中老年人口对劳动年龄人口数之比，用以表明每 100 名劳动年龄人口要负担多少名老年人。老龄人口抚养系数是从经济角度反映人口老龄化社会后果的指标之一，其计算公式如下：

$$老龄人口抚养系数 = \frac{60 岁及以上人口}{15 \sim 59 岁人口} \times 100\%$$

（2）老年人口系数，也称老龄化系数、老年比，是指老年人口数占总人口的百分比。老年人口系数也就是老年人口所占的比例，由于它最直观地表达出人口老龄化的基本涵义，因此被视为参量人口老龄化程度最直接、最常用也最具代表性的重要指标。老年人口系数的高低变化形象地反映出老龄化进程的快慢程度，其计算公式如下：

$$老年人口系数 = \frac{60 \text{ 岁及以上人口}}{总人口数} \times 100\%$$

2.2 人口老龄化影响货币政策传导机制的理论基础

2.2.1 人口转变理论

人口转变理论是 20 世纪初西方人口学者在经济社会转型发展的时代背景下提出的关于人口发展变化规律的理论，是当代世界人口学界流行的一种人口理论，已成为许多国家制定人口政策、编制人口发展规划、预测人口发展趋势的重要理论依据。人口老龄化是伴随着工业化和城市化进程，在低出生、低死亡、低自然增长的人口转变态势下人口发展的必然产物。

法国人口学家兰德里（Adolphe Landry）根据西欧特别是法国的人口统计资料，对人口出生率和死亡率的变动情况进行分析，在 1909 年发表的《人口的三种理论》中提出了人口转变的思想，并在 1934 年出版了《人口革命》一书，系统阐述了人口转变理论，成为人口转变理论的奠基著作。他认为在自然和社会的各种因素中，经济因素特别是生产力是影响人口发展的主要因素，人口的发展受到经济因素的制约，他根据人口与食物供应及经济发展的关系，将一个国家的发展进程分为三个阶段，第一阶段即古代的或者原始的阶段，属于生育没有限制的时代，生产力发展水平很低，经济因素通过死亡率来影响人口发展，人口死亡率决定人口的发展；第二阶段即中间的或者中期的阶段，属于限制生育达到了普及时代，人口的发展变化通过经济因素影响婚姻关系来影响生育率，居民为了维持较高的生活水平开始限制婚姻——晚婚或者不婚，通过婚姻关系的调整，降低生育率并影响人口增长。第三阶段即现代阶段，经济发展加快，科学文化教育事业的发展改变了居民的生活和婚姻观，出现了人口死亡率下降而人口剧增，后发展到人口出生率下降，人口增长速度放慢，人口处于低出生率、低死亡率、低增长的状态。

1947 年，英国人口学家布拉加（C. P. Blacker）出版了《人口发展的阶段》一书，书中根据发达国家经济社会发展情况和人口发展资料，将人口的进化分为高位静止、初期增长、后期增长、低位静止和减退 5 个阶段，这 5 个阶段从人口出生率和死亡率的高低更迭演绎人口发展，即高出生率、高死亡率（人口保持基本平衡）→高出生率、低死亡率（人口增长）→低出生率、低死亡率（出生率>死亡率，人口低增长）→低出生率、低死亡率（人口保持基本平衡）→低出生率、低死亡率（出生率<死亡率，人口减少）。

美国人口学家诺特斯坦（Frank W. Notestein）继承并发扬了兰德里、布拉加等学者的研究，从宏观方面论证了人口转变的经济根源，把现代化、城市化和工业化作为人口转变的根本原因，提出了系统的三阶段人口转变理论，第一阶段是高增长潜力阶段，死亡率成为人口增长的主要因素；第二阶段是转变增长阶段，人口的出生率和死亡率均下降，但出生率的下降速度低于死亡率，人口自然增长率高；第三阶段是下降阶段，死亡率相对稳定，出生率继续下降，人口呈现负增长。

20 世纪 60 年代美国人口学家寇尔（Ansley J. Coale）研究发现，经济发展是生育率下降的充分条件但不是必要条件，一些经济发展水平不高的地区也出现了出生率下降的情况。此后，戴维斯（Kingsley Davis）、卡德威尔（John Caldwell Calhoun）、伊斯特林（R. A. Easterlin）等从多方反应、财富流向、孩子效用等方面研究了人口转变的影响因素。

根据诺特斯坦的人口转变理论可以看出，在转变增长阶段，人口出生率和死亡率下降，出生率高于死亡率，人口呈现快速增长态势，形成"婴儿潮"，少年抚养比大于老龄人口抚养系数。在下降阶段，死亡率相对稳定，出生率继续下降，人口呈现负增长，同时由于"婴儿潮"出生的孩子进入老年，老年人口系数快速增长，社会进入老龄化社会。

2.2.2　生命周期假说

生命周期假说理论是由美国经济学家、1985 年诺贝尔经济学奖获得者莫迪利亚尼（Franco Modigliani）和布伦伯格（R. Brumberg）等合作提出的，又称消费与储蓄的生命周期假说。1954 年莫迪利亚尼和布伦伯格发表了论文"Utility analysis and the consumption function: an interpretation of cross-sectional data", 1979 年他们又合写了"Utility analysis and Aggregatel consumption function: an Attempt at integration", 这两篇文章奠定了生命周期假说理论的基础。此后，在 1986 年发表的《生命周期、个人节俭与国民财富》一文中总结提炼并完善了生命周期假说理论。

生命周期假说理论认为，一个人或者家庭当前的消费支出与其整个家庭一生的全部预期收入是紧密相连的，在其整个生命周期中，收入、消费、储蓄和财富是年龄的函数。认为收入中的储蓄比例基本上与收入无关，储蓄率系统偏离正常水平，主要是围绕家庭的基本挣钱能力的短期收入波动以及这种挣钱能力的逐渐变化可能使累积储蓄与当前收入和年龄有差异。该理论认为，当收入和人口处于静止状态时，退休人员从早先的财富积累中做出的反储蓄，正好抵消了未退休的工作人员由于考虑到今后退休而积累的财富；当经济增长或者人口增加时，较年轻的家庭在其积累的阶段中占有较大的人口比例，而退休的反储蓄者则占有较小的人口比例；当生产力提高经济增长时，生产力增长意味着较年轻的人群比较年长的有着更大的生命时间资源，他们的储蓄大于较贫困的退休人员的反储蓄。因此，家庭的消费或者投资取决于整个家庭内部所有成员在生命周期内所获取的总收入和财产。由此可知，家庭当前的消费必然取决于整个家庭成员所处的生命周期阶段。

生命周期假说理论认为，个人平均劳动收入典型地表现为一个突出的驼背型（见图 2-1），大约刚到 50 岁时达到高峰，以后即下降，如果消费者平均他的相当于一个成年人的消费，则消费也随年龄而变化。储蓄到任一给定年龄的累积净财富额都是子女人数的减函数，并随着在家子女人数的增加而减少。

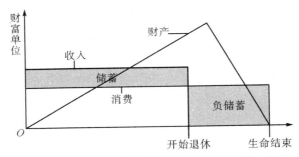

图 2-1　收入、消费、储蓄和财富作为年龄的函数图

莫迪利亚尼和布伦伯格以退休前的收入为常数、退休后的收入为零、零利息率、毕生不变的消费和没有馈赠为假设条件，建立了个人的消费和储蓄函数，并推导出总量消费函数和储蓄函数。

个人消费函数为：

$$c_t = \frac{y_t + (N-t)\, y_t^e + a_t}{L_t}$$

个人储蓄函数为：

$$s_t = y_t - c_t = \frac{L_t - t}{L_t} y_t - \frac{N-t}{L_t} y_t^e - \frac{a_t}{L_t}$$

其中，N 表示挣钱期，t 表示第 t 年，c_t 表示在第 t 年里非耐用品消费及服务加上提供直接服务的耐用品的当年折旧额，y_t 表示第 t 年非来自资产的投入，a_t 表示年龄 t 开始时的资产，L 表示经济意义的生命期长，y_t^e 表示 t 年后挣钱期内所期望的平均收入，s_t 表示在 t 年的储蓄。

和凯恩斯消费函数理论不同，生命周期假说把年龄因素引入了消费函数和储蓄函数，影响消费和储蓄的因素不仅包括收入、财产、利率、收入分布等，还包括了预期收入、年龄和工作时间长短等。

莫迪利亚尼和布伦伯格在推导个人消费函数和储蓄函数的四个假设条件的基础上，进一步假定在给定任何 T 年度，在挣钱期间的每个年龄组都有相同的平均收入、挣钱期间的任一年龄组 t 对今后的任何年龄的期望平均收入一样、每个家庭都有同样的生命期长和挣钱期，推导出总量消费函数和总量储蓄函数。

总量消费函数为：

$$C^T = \alpha Y^T + \beta Y^{eT} + \mathscr{A}^T$$

总量储蓄函数为：

$$s^T = Y^T - c^T = \frac{1-a^T}{Y^T} - \beta^T Y^{eT} - \mathscr{A}^T$$

上述两式中，c^T 表示年度 T 的总量支出，Y^T 表示年度 T 的总量收入，Y^{eT} 表示 T 年度的期望平均收入总和，$\mathscr{A}^T$ 表示 T 年度的资产综合量。

莫迪利亚尼通过个人和总量消费函数、储蓄函数的影响因素分析，将生命周期假说理论归纳出 6 大命题：一国的储蓄率完全同它的人均收入无关；国民储蓄率不单是该国公民节约差异的结果，不同的国民储蓄率可以用一个人的生命周期行为去说明；在有同样行为的不同国家之间，经济的长期增长率越高，总量储蓄率也越高，当增长率为零时，总量储蓄率为零；财富-收入比是增长率的减函数，在增长率为零时，财富-收入比达到最大；即使没有通过遗赠而积储起来的财富，一个经济社会仍然可以积累一个相对于收入来说十分可观的财富存量；对于一定的经济增长，控制着财富-收入比和储蓄率的主要参数是现行的退休期的长短。[①]

此后，一些经济学家对生命周期假说理论进行了扩充和发展，比如林德（Thomas Lindh）于 1999 年在"人口研究与政策评论"发表了《人口年龄结构和美国的个人储蓄率：1956—1995》一文，提出了人口年龄结构通过直接机制与间接机制"双重机制"作用于个人储蓄。人口年龄结构直接对储蓄的变化作用很小，间接机制即通过影响经济增长，从而影响储蓄，但间接机制的影响具有一定时滞效应，因此间接的"增长效应"远大于直接的"生命周期效应"。

生命周期假说把将人口的年龄结构引入消费、储蓄和财富当中，推导出影响个人和家庭消费与储蓄、社会总消费和总储蓄的因素变量。人口老龄化将引起经济活动人口的年龄状况、退休年龄、就业期长短、社会生命周期长短等系列因素的变化，进而影响个人和家

---

① 弗兰科·莫迪利亚尼. 莫迪利亚尼文萃 [M]. 杜少宫，费剑平，译. 北京：首都经贸大学出版社，2001.

庭以及整个社会的储蓄投资，同时提出了金融政策不仅可以通过传统的投资渠道，还可以通过资产的市场价值和消费来影响总量需求，对研究货币政策传导机制对货币政策目标的影响，进而影响经济社会发展具有十分重要的价值和意义。

2.2.3 凯恩斯主义货币政策传导理论

1936 年，世界著名经济学家凯恩斯（John Maynard Keynes）出版了其代表作《就业、利息和货币通论》，奠定了凯恩斯的货币政策传导机制理论的基础，为货币政策传导理论研究作出了开创性贡献。

凯恩斯考察了 20 世纪 30 年代世界经济大危机后，认为造成危机的一个重要原因就是有效需求不足，尤其是投资需求不足，而投资需求不足的原因是利率水平太高，断裂了正常的投资渠道，因此必须采取适当的财政政策和货币政策来降低利率，扩大投资，增加需求，解决就业，提高产出（Y）。他认为，货币供应量（M）的变动将打破原有货币供求的平衡关系，引起利率（i）的变化；利率的变动引起投资规模（I）的变化，投资规模变化的大小主要取决于资本的边际效率，当利率下降到一定水平时，投资将会增加；投资规模变动引起就业、产量和收入的变化，投资效果变化的大小主要取决于边际消费倾向，边际消费倾向越大，投资乘数越大，投资规模变动产生的投资效果也越大；就业、产量和收入的变动将影响生产成本的变动，一方面随着就业的增加，提高了工人讨价还价的能力，引起货币工资上升，另一方面随着产量的增加，一定的生产资源供给无弹性，瓶颈现象将引起供给价格上涨，因此生产成本必然上升；生产成本的增减后，物价随之调整。表示如下：$M\uparrow \rightarrow i\downarrow \rightarrow I\uparrow \rightarrow Y\uparrow$。

在与货币主义学派抗辩过程中，一些经济学家对凯恩斯的观点进行了补充和完善，其中最为著名的就是托宾（James Tobin）的"Q"理论和莫迪利亚尼的"财富效应理论"（第七章将进行详细介绍）。

20 世纪 80 年代以来，一些经济学家针对传统凯恩斯主义存在的宏观理论缺乏微观基础的缺陷，形成了新凯恩斯主义货币政策传导机制理论，以萨缪尔森（Paul A Samuelson）、费希尔（Stanley Fischer）、费尔普斯（Edmund Phelps）、泰勒（John Taylor）等为代表。新凯恩斯主义提出了信贷传导机制理论，认为货币政策不仅影响一般利率水平，而且还影响外部融资风险溢价的大小，外部融资跌价的变化比单独的利率变化能够更好地解释货币政策效应的强度、时间和构成，并通过借款人的资产负债表渠道和银行信贷渠道进行传导。

2.3　人口老龄化对货币政策传导机制影响的研究综述

2.3.1　人口老龄化对货币政策传导机制的影响研究

货币政策传导机制由于是中央银行制定和实施货币政策的传递途径和作用机理，因此经济学界对货币政策传导机制理论的研究与争论，自古典经济学创立以来就从未停止，并且根据经济发展的不同阶段各有侧重，热点不断，成为推动货币政策理论研究的重要渠道和主要载体。1995 年美国经济学家米什金（Fredcric S. Mishkin）在专著《货币金融学》中根据货币与其他资产之间的不同替代性及政策变量因素，将货币政策传导机制分为货币渠道和信贷渠道，货币渠道主要包含利率途径、非货币资产价格途径和汇率途径。本文综合国内外研究和我国货币政策实际情况，将人口老龄化对货币政策传导机制的影响从信贷传导渠道、利率传导渠道、汇率传导渠道和资产价格传导渠道（主要是股票价格和房地产价格）四个方面进行论述。

人口老龄化对货币政策传导机制四个渠道的影响研究，无论国外还是国内直接可资借鉴的文献寥寥，并且主要集中在人口老龄化对储蓄率、资本市场特别是股票市场等少数领域，国外研究主要以实证为主，国内研究近年来开始注重实证研究，形成了不少的研究成果。

2.3.1.1　人口老龄化对利率传导机制的影响研究

纵观利率理论发展演变，不管是古典利率理论还是凯恩斯主义抑或是著名的 IS-LM 模型分析利率理论，均认为储蓄与投资是利率的主要决定因素。因此，人口老龄化对利率传导机制的影响主要体现在人口老龄化背景下对企业和个人的储蓄和投资造成的影响方面。

人口老龄化对储蓄的影响，从宏观方面分析，无论是从储蓄还是消费的角度，老年抚养比上升对储蓄具有显著的负效应。Li et al.（2007）、Kelley 和 Schmidt（1996）、Higgins（1998）等的研究莫不如此。Alan J. Auerbach 等（1989）通过动态一般均衡模型对日本、德国、瑞典以及美国等 OECD 国家有关数据分析技术变化、经济对国际贸易开放的可能性，以及政府基于人口年龄结构的消费支出，发现这些变化将会对国家的储蓄率、真实工资等产生主要的影响。但部分学者 Miles（1999）、Deaton 和 Paxson（2000）、Lee et al.（2000）等从微观视角得出不同的结论，并分析了得到不同结论的具体原因，认为通过家庭资产调查数据分析表明家庭资产的高储蓄率将降低人口年龄结构对储蓄的影响，如果家庭储蓄中包含过高的养老资产，那么人口老龄化对储蓄率的影响就有限。Bloom 等（2005）认为，由于工作周期延长，人们有更多机会对储蓄资产进行组合以获得最优组合收益，从而在退休阶段获得更多财富。

生命周期理论被美国著名经济学家萨缪尔森等用于投资消费领域研究，他们采取实证分析方法，构建了一个关于消费投资配置的动态模型，并借用美国数学家 R. E. Bellman 创造的动态规划方法对个人投资者在其生命周期中是怎样来调整他们的投资组合进行分析，认为一般情况下个人投资股票比例随年龄增加而递减。Campbell（2005）认为个人投资者随着年龄的增长其投资偏好将出现不同，当进入老年时，将减少投资高风险的资产比例，增加无风险资产配置规模，强调流动性，更加注重资产收益，满足资产安全性需求。Luigi Guiso 等（2002）考察分析了美国等 7 个发达国家的家庭资产情况，并对家庭资产配置的影响因素进行实证分析，研究发现在这 7 个国家中，家庭财富对股票等高风险资产的需求影响在所有变量中表现得更为明显，其中，贫弱的家庭对股票等高风险资产的需求相对较少。根据生命周期理论，特别是在发达国家，个人和家庭财富随着生命周期的延长而增长，因此，从总体上来讲生命周期长的家庭，其拥有的财富明显多于生命周期短的家庭，也从另外一个角度说明年龄高的家庭投资股票的份额自然要高些。

在国内研究方面，不少专家学者从不同角度对影响我国储蓄和投资的因素进行分析，其中一个重要的原因就是人口年龄结构变化的影响。杨继军（2009）、唐东波（2007）、王森（2010）等人认为人口老龄化一般会使得居民最优储蓄增加，不论是短期还是长期，人口年龄结构对中国居民储蓄都具有显著的扩张性影响。汪伟（2009）认为在我国市场经济转型过程中，出现高储蓄率的主要原因是经济的高速增长与我国人口红利的增加导致老年和少儿抚养系数的下降，同时，经济增长导致的高储蓄率还将因为我国劳动适龄人口数量的增加而被持续推高，但将随着人口老龄化进程的不断深入而出现弱化趋势。

朱超、周晔、张林杰（2012）利用 37 个亚洲国家和地区 1993—2007 年的宏观经济数据分析了人口年龄结构与储蓄投资的关系，发现人口年龄结构的储蓄效应存在，符合生命周期假设，投资率与人口结构的关系不明显，老年人口抚养比效应对于外部均衡非常显著。王品春（1997）认为人口老化和老年人口的增长会导致消费基金的不断膨胀，积累基金逐渐萎缩，人口老化还会影响积累和消费分配比例，使资源的配置向不利于经济发展的方向转变。

2.3.1.2 人口老龄化对货币政策信贷传导机制的影响研究

不管是成熟的市场经济体还是发展中国家，人口老龄化对信贷传导渠道的影响主要表现在中央银行的信贷政策以及商业银行的信贷行为两个方面。随着人口老龄化的深化，将对一国政府的社会保障制度造成冲击，进而影响公共财政支出规模，造成中央银行的财政性货币发行，引发通货膨胀危机。人口老龄化也将影响一国的产业结构调整和家庭养老支出，对商业银行的信贷规模和个人消费贷款带来影响，从而影响货币政策目标的实现。

Walsh（1998）认为，货币政策在传导过程中，金融市场上借贷双方的信息出现不对称，或者是借款人面临金融机构实施信贷配给制度情况下，货币政策传导机制中的信贷渠道就发挥作用了。Bernanke、Gertler 和 Gilchrist（1996）提出"金融加速器"效应，该理论认为当企业的资产负债表因为受到货币政策冲击而出现波动，企业从金融机构获取贷款的抵押物资产净额下降，其获得贷款的能力将受到影响，从而放大了中央银行货币政策的实施对实体经济造成的影响。Jaffee、Stiglitz（1990）指出，信贷配给行为代表着价格配给，更大的贷款往往伴随更高的违约率，于是利率水平将越高。

Ralph C. Bryant 和 Delia Velculescu（2002）认为，通过养老金制度对老年人的转移和父母对子女的转移在重要宏观经济变量中通常起抵消作用，由生育率降低导致的低抚养比率缓和了人口老龄化的部分负面影响。Mario Catalan、Jaime Guajardo 和 W. Hoffmaister（2010）认为在全球老龄化背景下，世界范围的真实利率将下降，更低的利率将会导致更高的资本劳动比率并且提升工资，更高的工资将会被传递到养老金福利上，恶化与老龄化相关的财政压力，提升税收并且减少消费量和福利。如果按养老金名义工资而不是价格来编制，这种转嫁到消费者的效应将会越来越强。Adema 和 Ladaique（2011）认为，如果人口结构按照预测的方向持续快速老龄化，将给财政带来难以为继的巨大压力。

国内研究方面，谢平（2000），夏德仁等（2003），李安勇、白钦先（2006），刘降斌、潘慧（2011）认为当前我国信贷传导渠道仍然是主要渠道。刘丽萍（2008）认为，由于我国利率市场化程度低、资本市场不完善、借贷双方信息不对称和社会保障体系不健全对社会公众未来预期的不确定性等因素的影响，导致我国货币政策的信贷渠道不畅通。高淑红（2011）、李洪心（2012）等研究发现，社会保障水平与财政支出规模有着显著的正向关系；老年人口的增加、老年抚养比的增高对财政支出规模的扩大也起了一定作用。张群、孙志燕（2013）认为老龄人口比例与公共财政支出规模呈现较强的正相关性，人口结构的变化对公共财政开支的影响要远大于人口总量对公共财政开支的变化。

2.3.1.3　人口老龄化对货币政策汇率传导机制的影响研究

储蓄、投资、国民收入等经济变量是决定汇率的重要因素，因此人口老龄化通过显著影响消费结构、储蓄率以及物价水平从而对实际汇率产生影响。Jacob Braude（2000）研究了年龄结构与实际汇率之间的关系，认为在发达国家中，老年人口抚养比与劳动年龄人口价格水平相关联，实际汇率反映了相对非贸易品价格。Ruhul Salim、Kamrul Hassan（2013）对 23 个 OECD 国家的人口年龄结构和实际汇率的关系进行了检验，结果显示，工作和老年人的比例对于实际汇率有显著的正向影响。老年人倾向于更少的储蓄，有着更高的投资需求，从而导致了实际汇率的上升。该研究结论与 2005 年和 2006 年 Anderso 和 Sterholm 的研究结论是一致的。

从理论上分析，人口年龄结构对实际汇率造成的影响路径，国外经济学家主要归为两个方面：一是"需求结构效应"。Bryant、Faruqee、Velculescu et al.（2004）认为儿童和老年人与劳动适龄人口相比，其需求层次不一样，儿童会更多消费于教育、老年人更多消费于医疗等非贸易品，因此当一个国家老年人口和儿童的比例增加将提升这两类人群对非贸易商品的需求程度，从而提高非贸易商品的价格，进而导致实际汇率升值。二是"经常账户效应"。Spengler（1951）认为，根据生命周期假说理论，人口年龄结构的变化会引起个人和家庭储蓄投资策略的调整，从而通过国际收支的经常账户对实际汇率造成影响。儿童和老年人均无生产能力，人口老龄化意味着跨期平滑消费工作时期的收入，经常账户将出现赤字，导致实际汇率出现升值。此外，人口老龄化将影响国际资本流动，国际资本将从老龄化国家流向年轻化国家，从而带来实际汇率的升值。

在我国，高山、崔彦宗等（2011），贺建清、胡林龙（2010），张庆元（2004）认为货币政策的汇率传导渠道在我国是有效的。杨长江、皇甫秉超（2010）构建了一个反映人口年龄结构对实际汇率影响机制的理论模型，并利用 1990—2008 年以居民消费价格指数（简称 CPI）为基础的中美实际汇率数据进行实证研究，发现我国人口年龄结构对实际汇率的影响变化不仅通过"需求结构效应"和"经常账户效应"这两个传统路径对汇率传导机制产生影响，在中国等发展中国家还通过"要素禀赋效应"和"巴拉萨-萨缪尔森效应"

这两大相并立的影响路径产生重要的影响。池光胜（2013），朱超、张林杰（2012）认为在经常账户强惯性的基础上，人口结构效应能在一定程度上解释经常账户或国际资本流动，且老年人口结构效应比少儿人口结构效应更加显著。刘沁清（2011）在汇率杠杆模型中加入人口参数，通过实证研究，对影响汇率的价格、投资等中间目标和物价、产出等最终目标进行分析，发现汇率政策对解决老龄化进程中外部平衡问题最为有效，其次是老龄化进程中的支出和收入结构调整，人口老龄化对社会总产出等宏观经济目标的影响较小，货币政策汇率传导机制在我国存在路径依赖。

2.3.1.4　人口老龄化对货币政策资产价格传导机制的影响研究

自凯恩斯开始，托宾、莫迪利亚尼等对货币政策的资产价格传导机制都进行过卓越的研究，随着资本市场的发展，资产价格传导机制研究取得了丰硕的成果。Barnett（1978）、Hagen 和 T. Fender（1998）、Smets（1997）等从不同角度论证了货币政策变动将引起资产价格波动。Brooks（2002）认为人口年龄结构的变化导致老年人口对风险的厌恶程度提高，将把股票等高风险资产转换为债券等相对安全的资产。Poterba（2001）通过实证分析研究了资本价格和人口年龄结构关系，Abel（2001）在 Poterba 基础上加入遗产动机等因素进行综合分析，研究发现资本价格下降的主要原因是资本供给的变化，即使不考虑人口老龄化导致资产需求下降因素，也可能因为资本供给的变化而使资本价格出现波动。Geanakoplos、Magill 和 Quinzii（2002）通过实证研究发现，个人和家庭在整个生命周期内，都会通过投资高风险的资产实现收益的最大化。同时年龄群体的整体差异将影响股票价格的变化，当生育低谷期出生的人群进入工作时期，抚养系数的增加将导致股票价格下降；相反，当在生育高峰期出生的人群进入工作时期，抚养系数的下降将使股票价格上涨两倍以上；当在生育高峰期出生的人群达到退休年龄而将股票卖给生育低谷期出生的人群时，股票价格将出现下降，这样股票价格随整体年龄群体的差异出现周期变动。Siegel（2005），Geanakoplos、Magill 和 Quinzii（2004），Brooks（2006）强调在世界经济一体化背景下，人口老龄化对资本市场的影响将得到有效缓解。随着各国汇率管制的放开，国际资本将在国际自由流动，从而导致资本收益率不因老龄化的影响出现平均化趋势。

人口老龄化对房地产价格的影响方面，Mankiw Weil（1989）最早研究了美国婴儿潮一代对住房市场的影响，发现美国婴儿潮一代进入购房年龄阶段，是美国20世纪七八十年代住房价格高涨的主要原因，随着人口出生率的降低、人口老龄化，住房需求降低，住房的真实价格将持续下降。Poterba（1991）认为当生育高峰期出生的人员进入退休年龄时，他们开始减持资产，从而导致资产价格下降，实际利率提高。Bergantino（1998）分析了人口变化对股票和自住住房需求的影响，发现人口变化对资产价格（包括住房价格）有明显的影响。

在国内，杜本峰（2007），吴义根、贾洪文（2012）认为，人口结构变化与我国居民手持现金、定期储蓄存款、活期储蓄存款、债券、股票和保险准备存在相关性，人口老龄化在不同时期将导致资本市场的资金出现变化，老龄人口对高风险资产的审慎态度将影响个人和家庭的金融资产配置，从而对资本市场的资金供给与需求造成影响。陈成鲜、王浣尘（2003）认为，人口老龄化进程中，因为抚养老年人口的因素导致劳动适龄人口投资股市的资金减少，同时劳动适龄人口为保证自身养老的需要将减少投资股市的资金，但人口老龄化使未来的老年人口投资于股市的资金增加。楼当（2006）认为人口老龄化与股市价格波动之间呈显著的正相关关系，阙丽萍、王海灵（2010）认为中国迈入老龄化社会后资产价格还将呈上升趋势，并在2015年左右达到峰值，之后可能进入下降周期。在人口老龄化对房地产的影响方面，赵君丽（2002）认为人口结构变化与住宅需求变化直接相关，方圆（2012）研究发现，人口抚养率的变化、工作人群绝对收入的增长情况都对房屋销售价格的波动造成显著影响，并且这种影响的显著性达到90%以上。一个城市或国家的老龄化程度也对房地产价格形成影响，当老年人口高龄化，或者老年人口系数增加时，将导致房地产市场持续长久地陷入低迷。

2.3.2　研究总结与评述

西方货币政策传导理论研究主要在凯恩斯主义学派和货币学派

的争论中不断得到发展,同时不同经济学流派对货币政策传导问题的理论争鸣,推进了西方货币政策传导理论完整体系的形成,为西方发达的市场经济国家加强和改进宏观调控提供了重要的理论支撑和决策参考。人口年龄结构的变化对经济社会发展影响的研究伴随着人口理论的发展而演变成为人口学理论的重要组成部分。人口老龄化问题的必然性、复杂性、多元性和艰巨性,使得人口老龄化的研究成为跨学科交叉融合的综合性问题。通过梳理这些相关研究,不难发现其具有以下几个特点:

(1) 从研究方法来看,由于研究范式的差异,国内外对相关问题的研究呈现不同的阶段性特征。国外学者大多采用实证研究,通过理论模型的构建和不同的赋值,采用模拟方法进行研究,也有一些学者采用面板数据模型、VAR模型等计量回归进行计算和分析。国内学者在2000年以前,主要以定性研究为主,站在经济发展的宏观角度进行文字阐释,动之以情晓之以理,缺乏科学的判断依据。2000以后,随着国内理论研究领域研究范式的转变,一大批年轻的学者借鉴西方先进的研究范式,逐步采取定性与定量相结合,以实证研究为主的研究范式,摸索出一套适合我国基本情况的研究方法。

(2) 从研究比较来看,国外研究微观宽泛,国内研究宏观滞后。国内研究主要集中讨论人口年龄结构的变化对资产价格的影响、人口老龄化对投资的变化以及对经济增长的宏观影响,特别是我国高储蓄率的探究方面着力最多,试图从不同的角度找寻出高储蓄率的成因及变化趋势对中国经济发展影响的对策和建议;同时,随着我国老龄化进程的加深,我国养老保险制度的建立和完善,国内学者从社会保障角度入手,对我国人口老龄化带来的系列问题进行关注和探讨。至于其他领域的研究,涉及很少,只言片语,并且很宏观,与我国老龄化带来的各种影响相比,呈现出明显的滞后性。国外人口老龄化的研究,主要从微观入手,以小博大,涉及经济生活的方方面面,并借助其规范的研究思维,翔实的数据分析,形成系统的研究积淀,从而对我国相关问题的研究提供了可贵的研究借鉴。

(3) 从研究目标来看,在相关研究中,由于数据取得相对容易和完备,人口年龄结构变化对资本市场特别是股票市场的研究相对充分，但由于我国实行管制利率和有管理的浮动汇率制度，人民币利率和汇率市场化改革适逢进入攻坚阶段，因此直接讨论人口老龄化对利率汇率影响的文献非常少，加上我国传统的信贷管理模式，信贷传导基本上一家独大，研究者主要集中在信贷传导改革发展上，而对其影响因素特别是人口因素基本上没有涉及。

（4）从研究结论上看，学术争鸣，精彩纷呈，一些研究结果具有一致性，主要结论有以下方面：

从宏观趋势考察：①大多数学者都倾向于人口老龄化对经济发展以负面影响为主，特别是在产业结构调整初期，将出现发展阵痛，尽管机遇与挑战并存，但挑战大于机遇，在社会保障制度构建与完善、养老保险改革、养老产业扶持与发展、金融安全与稳定等方面都将带来不利影响。②世界人口老龄化的发展趋势与我国人口老龄化特点的研究和总结，我国"未富先老"背景及应对。③国内的理论研究，大多是借鉴国外发达的市场经济理论，由于货币政策传导环境的差异、传导渠道的差异、中介目标的差异、传导载体的差异以及传导受体的差异，相关研究逻辑起点的不同导致研究的针对性和实效性可能出现偏差。

从微观研究结论看：①人口年龄结构决定储蓄率，决定储蓄的跨时间转移，老年抚养系数的提高，整个社会的储蓄率将降低，投资出现分化。②人口老龄化对信贷传导机制影响较小。③在利率和汇率市场化改革未完成前，人口老龄化对利率和汇率传导机制影响较小。④老龄人口比例与公共财政支出规模呈现较强的正相关。⑤各国间人口老龄化的差异是造成国际资本流动的重要原因。⑥人口老龄化与股票价格及其收益率之间存在弱的负相关。

3 人口老龄化及老年人口的金融行为分析

3.1 人口老龄化现状及特点

3.1.1 人口老龄化现状

人口老龄化是一个全球性现象。2013 年年底，全世界 210 个国家和地区中，有 95 个已进入老龄化。目前，65 岁及以上人口占总人口的比例达到了 8%，预计到 2050 年，65 岁及以上人口占总人口的比例将达到 21%①（见表 3-1），意味着每 5 个人中就有一位老年人。

表 3-1　　　　　　若干国家人口老龄化速度比较

若干国家人口老龄化速度比较				
国家	65 岁+老年人口比达到的时间（年份）			从 7% 到 14% 所需时间（年）	从 14% 到 20% 所需时间（年）
	7%	14%	20%		
英国	1930	1975	2027	45	52
瑞典	1890	1975	2012	85	37
法国	1865	1995	2019	130	24
美国	1945	2015	2050	70	35

---

① 美国人口咨询局，2013 年世界人口数据表。

表3-1（续）

	65岁+老年人口比达到的时间（年份）			从7%到14%所需时间（年）	从14%到20%所需时间（年）
国家	7%	14%	20%		
日本	1970	1996	2006	26	10
新加坡	1999	2016	2023	17	7
韩国	2000	2020	2029	26	9
中国	2000	2027	2037	27	10

若干国家人口老龄化速度比较

资料来源：联合国亚洲及太平洋社会经济委员会、日本家庭计划国际合作协会编，亚太人口老龄化，第9页。

人口老龄化的状态分布与经济社会发展状况紧密相连，发达国家和地区的人口老龄化程度远远高于发展中国家和地区。2013年发达国家和地区65岁及以上人口占总人口的比例为17%，其中欧洲45个国家和地区已整体迈入老龄化，发展中国家和地区为6%，最不发达国家仅为3%。世界部分国家、地区人口老龄化水平与人均国民收入情况比较见表3-2。

表 3-2　　世界部分国家、地区人口老龄化水平与人均国民收入情况比较

国家或地区	65岁及以上人口比例 %	人均国民收入（美元）	国家或地区	65岁及以上人口比例 %	人均国民收入（美元）
世界平均	8	11 690	土耳其	8	17 500
美国	14	50 610	南非	5	11 190
芬兰	19	38 210	波兰	14	20 920
俄罗斯	13	22 760	巴西	7	1 170
日本	25	36 320	瑞典	19	43 160
德国	21	41 370	挪威	16	64 030
法国	17	36 460	伊朗	5	10 320
加拿大	15	42 690	泰国	10	9 430

表3-2（续）

国家或地区	65岁及以上人口比例%	人均国民收入（美元）	国家或地区	65岁及以上人口比例%	人均国民收入（美元）
澳大利亚	14	43 170	中国	9	9 210
意大利	21	32 280	乌克兰	15	7 290
新加坡	10	61 100	印度尼西亚	5	4 810
中国香港	14	53 050	菲律宾	4	4 400
西班牙	18	31 780	埃及	6	6 640
新西兰	14	29 960	斯里兰卡	8	6 120
韩国	11	30 890	蒙古	4	5 100
捷克	16	24 550	印度	6	3 840
波兰	14	20 920	巴基斯坦	4	3 030

资料来源：美国人口咨询局，2013年世界人口数据表，http://www.prb.org/。

2000年11月1日我国第五次人口普查数据显示，65岁及以上的人口为8 811万人，占总人口的6.96%，2000年12月31日65岁及以上人口为8 913万人，占总人口比例的7.01%，已经达到老龄化国家标准。根据国家统计局第六次人口普查公报，60岁及以上人口为177 648 705人，占13.26%，其中65岁及以上人口为118 831 709人，占8.87%。同2000年第五次全国人口普查相比，0~14岁人口的比重下降6.29个百分点，15~59岁人口的比重上升3.36个百分点，60岁及以上人口的比重上升2.93个百分点，65岁及以上人口的比重上升1.91个百分点。根据以上数据可以看出，我国老年人口规模庞大，老年人口比重迅速提高，人口老龄化和高龄化相伴而生，齐头并进，人口老龄化进入加速期（见图3-1、图3-2）。

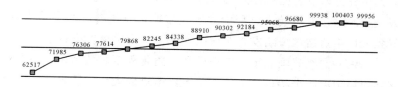

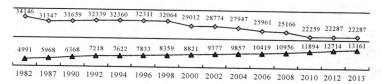

图3-1 中国60岁及以上老年人口发展趋势

资料来源：国家统计局，全国年度统计公报相关年度资料整理，

http：//www. stats. gov. cn/tjsj/tjgb/ndtjgb/。

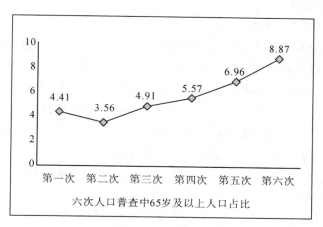

图3-2 六次人口普查中65岁及以上人口占比

资料来源：国家统计局，全国第六次人口普查数据，

http：//www. stats. gov. cn/tjsj/pcsj/。

3.1.2 我国人口老龄化的新特点

面对老龄化这个常提而又新鲜的命题，不少专家学者根据世界老龄化进程中表现出的一些共同的规律，结合我国人口年龄结构的特殊情况，对我国老龄化的特点进行归纳总结和分析。王克（1987）认为世界上人口老化的特点大致可以分为缓发型和突发型，中国等发展中国家在人口转变过程中大规模采取控制生育率水平等措施，导致人口年龄结构短期发生明显的变化，呈现出突发型特点。王先益（1990）总结我国老年人口规模和老龄化程度后认为，我国人口老龄化呈现出四个特点：一是老年人口绝对数大，二是老龄化速度快、程度高，三是老龄化发展具有不平衡性，四是老年人口科学文化素质差等。张淇（2005）认为我国人口老龄化还表现出区域之间发展不均衡和人口老龄化进程超前经济发展水平，出现"未富先老"现象等特点。李宁华等（2011）在此基础上还总结出我国人口高龄化趋势明显、城乡倒置显著、女性老年人口数量多于男性等特点。

我国进入老龄化社会已达 10 余年，随着我国经济社会的快速发展以及高龄化增长趋势，我国当前人口老龄化呈现出一些独有的新特点和新趋势。

3.1.2.1 老龄化问题成为社会矛盾的聚焦点

我国人口老龄化期也是经济发展的转型期，改革深化的攻坚期，社会矛盾的聚集期，这一时期经济增长方式的转变和经济结构的调整升级，国家财政货币政策的调整，造成物价长期上涨，大量职工下岗，失业率上升，贫富差距拉大，经济问题和社会问题交错，加重了人口老龄化和社会保障等问题的严重性，甚至一些社会道德问题也在老龄化身上找到发泄途径，成为新闻媒体和社会公众的聚焦点。因此，我国目前的老龄化问题比其他国家和地区情况更复杂，问题更严重，表现更突出，矛盾更深层。

3.1.2.2 老龄化问题凸显在城市，重点和难点在农村

我国人口老龄化呈现出区域发展不平衡的态势，表现出由东向西的梯度特征，经济发达地区的老龄化程度相对严重，欠发达地区相对较轻，从 2012 年中国 31 个省（直辖市）65 岁及以上人口比重区域对比图（见图 3-3），就可以清楚地看出这个特征来。但是从另外一个角度看，2012 年我国农村人口 6.42 亿人，全国流动人口 2.36 亿人，绝大多数流动人口系农村青壮年从农村流向城市，从西部流向东部（见图 3-4）。因此，人口老龄化从数字上来看城市和经济发

达地区比较严重，但农村大量劳动力的流入，已经大大稀释了城市和发达地区老龄化带来的不利影响，但在农村如果按实际留在农村的人口计算，其老龄化程度将大大超过城市和发达地区。再加上农村经济条件和社会保障条件的限制，农村人口老龄化带来的问题更为严重，如果不引起高度重视，将会带来重大的社会问题。

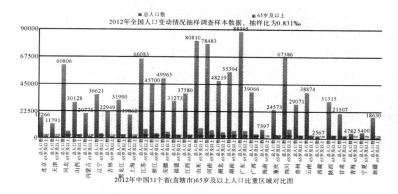

图 3-3 2012 年中国 31 个省（直辖市）65 岁及以上人口比重区域对比图
资料来源：国家统计局，《中国统计年鉴（2013 年）》。

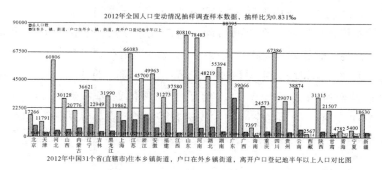

图 3-4 2012 年中国 31 个省（直辖市）住本乡镇街道，户口在外乡镇街道，离开户口登记地半年以上人口对比图

资料来源：国家统计局，《中国统计年鉴（2013 年）》。

3.1.2.3 经济发展掩盖了老龄化问题

改革开放以来，我国经济高速发展，社会公众从不同层面共享到改革开放带来的各种利益，人口老龄化作为一个渐进的过程，在劳动就业、教育养老、产业调整等方面带来的不利影响在积贫积弱的基础上呈现出"煮蛙效应"。我国老龄化带来的问题，大多见于学者的呐喊，并没有得到政府的高度关注，没有一个整体的宏观规划与切实的微观落实，因而采取头痛医头脚痛医脚的解决方式。另一方面，老龄化问题被作为市场经济发展进程中出现的问题，而主要从经济层面进行解决。同时，由于我国家庭内部资源的代际转移弱化，在老龄化初期经济老年人口比例较大，加之我国养老体制的特殊性，不同的社会阶层对老龄化的应对措施截然不同，因而一些国外通行的解决老龄化问题的模式在我国不一定适用，一些经济领域的研究成果转化的现实性不强，造成理论研究与政府决策的断裂。

3.2　老年人口的金融行为分析

3.2.1　行为金融学与老年人口的金融行为

行为金融学将心理学与经济学交叉融合，是在突破主流金融学理性经济人假设条件下而发展起来的一门交叉学科，认为人类的行为并非都是理性的，在金融活动中将出现过度反应、羊群效应等非理性行为。曾康霖（2003）认为行为金融学是在评论数理金融学的基础上建立起来的，主要研究投资者心理与行为的关系，在一定程度上对金融市场的异常现象给予了合理的解释。粟勤、赖叔懿（2006）运用行为金融学研究了我国居民储蓄现象，认为随着理性行为外部约束条件的改善，居民储蓄的利率弹性将提高，储蓄行为将趋于理性化。

汪丁丁（2010）研究了个体理性的演变过程，认为随着年龄的增加，个体记忆力逐渐衰退，理解力逐渐提升，理性决策能力在65岁左右达到峰值，之后不断下降（见图3-5）。个体的理性决策主要来源于习俗、独立探索和对成功决策的模仿。从个体理性的演变过程可以看出，老年人口人生阅历越丰富，对新鲜事物的认识穿透力更强，较强的理性决策能力导致其不愿意冒险，对金融资产的预期定价一般持保守态度，并成为决策金融行为的指导方略。

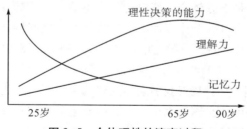

图 3-5　个体理性的演变过程

随着老龄化社会逐渐深入，老年人将成为金融资产的重要持有者，因此人口老龄化必将对金融业产生重大影响。老年人基于个体的理性决策行为，在管理金融资产时成为风险规避者，从而表现出与年轻人口不一样的金融行为。

3.2.2　老年人口的金融行为特征分析

3.2.2.1　较强的储蓄倾向

莫迪利亚尼认为，理性的消费者要根据一生的收入来安排自己的消费与储蓄，使一生的收入与消费相匹配。Kelley 和 Schmidt（1996）、Horioka（1997）、Erlandsen 和 Nymoen（2008）等证明了人口老龄化与储蓄负相关。郑辉（2011）在对国民储蓄率的影响因素进行深入分析的基础上，发现我国老年人口抚养比具有较强的正向影响。范叙春、朱保华（2012）认为人口预期寿命增长（死亡率下降）提高了我国的国民储蓄率。李俭富（2008）分析了经济变量、人口结构变量与储蓄率的关系，发现前一期的储蓄率对当期具有决定性影响，储蓄率与经济增长率、计划生育政策和以滞后性代表的储蓄习性存在显著正相关。

我国现在的老年人大多经历过战争或者饥荒，缺衣少食的深刻记忆以及经济转型期少数老年人老无所养的负面案例，造成了他们普遍注重节俭，更加关注退休后生活安排，因而比年轻人具有更为强烈的储蓄倾向。由于没有其他收入来源，老年人对金融风险具有天然的厌恶性，在金融产品的选择方面注重投资的安全性，更倾向于收益低风险低的储蓄类产品。另一方面，由于金融创新层出不穷，美国次贷危机引发全球金融危机的教训历历在目，再加上我国养老保险制度还不是十分健全，使得老年人不愿参与和接受新的金融产品。由于老年人口的个体理性决策行为，并加之我国传统文化的影响和独特的时代背景，我国老年人口呈现出较强的储蓄倾向。

3.2.2.2 特殊的投资与消费行为

2005 年国家统计局对我国老年人口的主要经济来源进行了一次抽样调查，2010 年全国第六次人口普查将老年人口的主要经济来源作为调查对象进行统计，从统计数据（见表 3-3）可以看出，我国老年人口依靠家庭其他成员供养的比例下降，而自主掌握生活来源，包括劳动收入、离退休金养老金、最低生活保障金、财产性收入等都得到不同程度的提高，这表明老年人拥有自有资金的人数持续提升，老年人口自我支配资金进行金融投资与消费的比例逐步增大。

表 3-3 我国 60 岁及以上人口主要生活来源总体情况统计

主要生活来源	2010 年		2005 年	
	人数	百分比	人数	百分比
总计	17 658 702	100	2 209 366	100
劳动收入	5 133 917	29.07	606 908	25.57
离退休金养老金	4 258 408	24.12	478 482	21.66
失业保险金			1 257	0.06
最低生活保障金	687 524	3.89	39 006	1.77
财产性收入	65 090	0.37	6 521	0.30
家庭其他成员供养	7 190 622	40.72	1 037 322	46.95
其他	323 141	1.83	37 354	1.69

资料来源：国家统计局，全国第六次人口普查数据，2006 年中国统计年鉴，http://www.stats.gov.cn/tjsj/pcsj/。

毛中根等（2013）认为收入对消费支出具有显著影响，人口老龄化降低了城市居民的消费支出。张国华（2000）发现工作期和退休期的长短是影响消费倾向和储蓄倾向的主要因素。老年人口的理性决策特征和金融心理的特殊性，对投资与消费形成特殊的影响。从需求层面看，一方面，老年人口依靠人生积累的丰富经验，期望将拥有的资金进行合理的投资与消费，减轻老年生活的压力，提高自主养老的能力和水平。另一方面，由于我国投资渠道狭窄，金融市场特别是证券市场投机氛围浓郁，在经历几次证券市场的大起大落后，都不敢将养老的资金投资于高风险领域。从供给层面看，我国金融业对人口老龄化带来的金融契机缺乏应对措施，依旧按照常规的思维方式提供金融产品，难以满足老年人口日益高涨的金融需求。因此，我国老年人口投资与消费需求的错位，造成原本理性的投资消费更加谨慎，这既是我国高储蓄率形成的重要原因，也是我国低风险的国债市场畸形发展的重要体现。

我国人口老龄化将导致资本市场的资金外流。在发达的市场经济国家，资本市场成熟完善，养老金账户管理规范，家庭的大部分资产不是以储蓄存款而是以非储蓄的金融资产存在。我国老年人口由于消费支出的增加以及消费支出时间的不确定性，对金融资产的安全性与流动性需求更高，这将导致进入退休期人群远离高风险的资本市场，随着老龄化的深入，最终导致资本市场资金外流甚至短缺。

3.2.2.3 家庭内部资源的代际转移弱化

家庭内部的代际关系以血缘关系和婚姻关系为基础，是一种资源交换关系。在传统社会，由于老年人对家庭资源的掌控度较高，使得家庭内部资源的代际转移成为家庭资源配置的重要形式，形成家庭资源"抚育—反哺"转移的运行机制。随着我国经济社会的转型，家庭的结构和功能发生了巨大的变化，家庭结构趋于小型化，几代同在但不同堂，家庭的经济、养老、生育等功能呈弱化态势，同时由于个人受教育程度和社会劳动关系的提高，个人财富主要通过个人职业而非家庭代际转移获得，从老年人口生活来源统计可以看出，老年人口由家庭其他成员供养的比例 2010 年比 2005 年下降了6 个百分点。王跃生（2008）认为现代家庭的代际关系已经摆脱了父代绝对支配的单一维度，受多重因素的影响。

另一方面，由于养老保险制度的逐步健全，老年人特别是城市老年人拥有稳定且较高收入的比例越来越大，老年人口的最低生活保障金显著提高，劳动收入、离退休金养老金比例逐步扩大，财产性收入进一步增长，因此我国老年人口的经济养老已不需要子女的过多负担，家庭内部资源的代际转移逐渐向社会资源代际转移倾斜，进而呈现出弱化趋势。

3.3　人口老龄化催生特殊的金融创新

老年人口特殊的金融行为催生特殊的金融创新。在一个成熟的经济体，老龄化致使经济增长潜力较低，金融业承担着如何向经济体系的潜力部门提供风险资金以鼓励企业家稳健承担风险和提高生产价值的责任，成为联系老年人与潜力企业家之间的中介，金融业必须提供优质的金融产品和服务，为人们提供应对生命中的各类风险和严重不确定性的工具，度量、分散和管理各种各样的风险，使得老年人能够维系生活品质的同时推动经济社会的进步。因此，人口老龄化成为倒逼金融业实施金融创新的重要因素。

杜本峰、张瑞（2008）认为，不同国家和地区的老龄人口数量不同，由此也会给其金融市场带来不同程度的结果。不同国家和地区间的资金流动在未来也会多多少少受到人口变化所带来的影响，从某种程度上来讲，这为相关的金融产品创造了商机。石睿（2011）认为金融创新是金融领域各种要素的重新优化组合和金融资源的重新配置，对金融市场发展、金融效率提高和金融风险规避具有极大的促进作用。Black（1986）认为金融产品在成为交易合约后，金融创新就成了治理金融领域的道德风险和金融行业与社会公众信息不对称的"灵丹妙药"。根据生命周期假说理论，不同年龄结构的人对储蓄和投资有不同的偏好，金融业必须意识到，金融创新要随着顾客在生命周期中的经历和习惯性偏好的改变而做出选择，只有适应这种改变才能维持金融业内涵发展旺盛的生命力。

3.3.1　金融创新对货币政策的影响

金融创新的实质和内涵就是金融系统对自身的管理体制和运行机制、金融市场的交易规则和治理能力、金融产品的创设和供给等进行创造性革新，从而挖掘新的增长潜力，创造新的利润增长点。金融创新作为金融领域改革发展的源泉和不竭的动力，业已成为当前经济发展的核心内容。

蒋放鸣（2002）认为金融创新对货币政策的影响是显而易见的，这种影响对金融发展的作用既有积极的方面，也有消极的因素。张有、郭红旗（2008）认为金融创新活动以不同路径、不同方式对货币政策产生影响，使货币政策的有效性面临挑战，应理性发展金融创新，加快中央银行货币政策调控体系改革。Van Horne（1985）认为金融创新有利于规避金融风险，降低经营成本，增加金融机构流动性，防范和化解金融风险。Tufano（2002）指出金融创新在配置金融资源的同时也对金融风险进行重新配置。中国人民银行龙岩市中心支行课题组（2009）认为要正确处理金融创新和市场与风险、效益与引导、促进与规范之间的关系，准确把握货币政策传导过程中出现的问题，确保金融稳定。

3.3.1.1 金融创新对货币政策工具的影响

（1）减弱了存款准备金的作用和效果。存款准备金是金融机构为保证客户提取存款和资金清算的需要而准备的在中央银行的存款。中央银行通过调整存款准备金率来改变货币乘数，从而影响商业银行的信用创造能力，进而间接控制和调节货币供应量。货币乘数 $k = (Rc+1) / (Rd+Re+Rc)$（Rd、Re、Rc 分别代表法定准备金率、超额准备率和现金在存款中的比率），金融创新提高了货币的流动性，降低了法定存款准备金率，放大了货币乘数，影响到中央银行对基础货币的创造与控制，破坏了存款准备金的作用机理。同时金融创新提高了资产的证券化水平，大量的资金从存款金融机构流向非存款性金融机构以及金融市场，从而躲避了存款准备金的约束，影响中央银行通过货币政策工具调控银行体系和社会流动性的作用效果。

（2）弱化了再贴现政策的效果。再贴现是中央银行通过买进商业银行持有的已贴现但尚未到期的商业汇票，向商业银行提供融资支持的行为。中央银行通过再贴现率来对商业银行的流动性进行调控，是一种被动性的货币政策工具。金融创新使再贴现的条件进一步宽泛化，从而使中央银行再贴现政策的被动性进一步增加，削弱了金融机构对再贴现率的依赖程度，影响了再贴现政策的实施效果。

（3）强化了公开市场业务的作用。公开市场业务是指中央银行通过在公开市场买进或卖出有价证券的活动。中央银行通过买卖有价证券，吞吐基础货币，从而调节货币供应量。在当前金融市场全球一体化的背景下，金融创新使各种金融衍生工具相互衍生，相互嫁接，金融创新产品层出不穷，提高了金融市场的深度。同时金融创新强化了政府的融资功能，提高了债券市场的活力，加快了资产证券化步伐，为中央银行通过公开市场调节社会流动性提供了更宽大的舞台和更广阔的空间。

3.3.1.2 金融创新对货币政策传导机制的影响

（1）金融创新使货币政策传导机制发生深刻的变化，加大了中央银行执行货币政策的难度，削弱了对货币的控制能力。一方面金融创新使传统的货币政策传导机制受阻，例如金融创新改变了信贷供给与信贷配给的信息不对称，影响社会公众的投资需求，必然影响信贷传导渠道的畅通。另一方面金融创新改变了商业银行的存款结构，大量的影子银行分流了商业银行的资金来源，影响商业银行的资金头寸，降低了中央银行存款准备金政策的实施效果。此外，金融创新加剧了资金的国际流动，国内金融机构可以通过国际金融市场筹措或转移资金，削弱了中央银行扩张或者紧缩货币政策的实施效果。

（2）金融创新进一步加大了货币政策传导的时滞性。货币政策时滞是指货币政策从制定到最终影响各经济变量，实现政策目标所经过的时间，也就是货币政策传导过程所需要的时间。金融创新使金融市场层次更多，渠道更广，运行更复杂，中央银行对金融市场的把握难度更大，将影响中央银行的决策与判断。同时大量金融衍生产品的出现，使利率传导和汇率传导渠道出现不确定性，传导时间难以控制，进一步加大了货币政策时滞，从而影响货币政策的实施效果。

3.3.1.3 金融创新对货币政策有效性的影响

（1）金融创新降低了单一性货币政策的作用效果。金融创新使得中央银行在面对金融市场时需要考量的情况更趋复杂，在制定和执行货币政策，选择货币政策工具时，不再按照传统的思维定式，采取某一项单一性的货币政策工具，而是多项货币政策工具同时使用。

（2）金融创新增加了金融业的系统性风险，加剧了金融业之间的竞争。层出不穷的金融产品上演"击鼓传花"的游戏，也降低了金融机构的竞争力，影响金融体系的安全性，并可能导致金融危机，由美国次贷危机引发的国际金融危机就是明证。

（3）金融创新对金融稳定具有积极作用。在微观方面，金融创新转移和分散了金融机构的经营风险，降低了金融业务的交易成本，提高了信息透明度，满足了市场主体特别是投资者的多样化需求，提高了金融机构的资源配置效率。在宏观方面，金融创新扩大了货币乘数，增加了金融机构创造货币的能力，满足了金融体系的流动性需求，提升了货币的融通功能。同时，金融创新减小了资产价格的整体波动幅度，能有效缓解金融动荡对经济造成的负面影响，从而增强货币政策有效性。

3.3.2　人口老龄化与金融创新

3.3.2.1　人口老龄化与银行业务创新

人口老龄化影响到银行业的顾客基础，作为一个细分的金融市场，老年人对储蓄的要求是非常明显和稳定的，但我国还没有专门针对老年人或者面向老年群体特点的金融服务与产品，开发适合老年人特点的金融产品以满足老年人的金融偏好是我国银行业提升发展内涵的重要内容。

（1）银行产品与保险产品的结合。老年人对储蓄与医疗保险有刚性需求，银行业务与医疗保险业务相结合，开发定向服务老年人的金融产品应该具有十分广阔的市场。同时，将银行的储蓄产品与家庭财产的损失联系起来，满足老年人应付意外之需。比如存入一定期限的存款，享受一定金额的家庭财产意外保险，或者为老年人提供分期贷款投保业务，避免老年人因意外而遭受财产损失。

（2）银行产品与信托产品的结合。由于家庭内部资源的代际转移弱化，开发适宜于老年人的银行产品与信托产品相结合的金融产品很有必要，老年人丧偶问题很普遍，在重新组成新的家庭后，财产归属问题可能引发家庭内部新的矛盾与冲突，将银行产品与信托产品结合，划分财产归属与代际转移，无疑具有重要的意义。另外，通过遗嘱信托产品，为子女提供生活或教育费用，满足子女的理财需求和提供持续生活能力服务。

（3）银行产品与中间业务的结合。老年人由于收入来源有限，因而对养老资金的安排格外审慎，如何为老年人合理安排经济收入，提供资金保值增值渠道，是银行业务新的增长点，银行可以利用信息优势，为老年人提供个人理财计划，进行资金流动分析，委托代理机构管理和营运资产，获得投资收益。

3.3.2.2 人口老龄化与保险业务创新

随着老龄化的深入，民营保险市场将发挥越来越重要的作用。长期以来，我国老年人的养老保障除参加社会保险机构举办的养老保险和医疗保险外，适当参与长寿风险和健康风险保障是重要的途径。

人寿保险和健康保险一直是我国商业保险公司重要的保险品种，人口老龄化导致这两种产品需求增加，2012 年年底，我国寿险业务保费收入 8 908.06 亿元，比 2000 年增长了 10.5 倍，健康险保费收入 862.76 亿元，比 2000 年增长了 10.7 倍①，老年人对寿险和健康险需求的增加为保险公司带来了丰厚利润的同时，也增加了保险公司的社会责任，因此保险公司有义务也有责任开辟新的保险品种，来满足老年人的健康需求。

（1）增加老年护理保险业务。老年护理保险包括法定护理保险和商业护理保险，前者为生活难以自理的老年人提供最基本的护理保障，后者为老年人提升护理水平和护理质量服务。老年护理保险自 1986 年以色列推出后，在许多发达国家迅速得到发展，成为保障老年人生活护理质量的重要措施。Garber（1999）指出美国的医疗体制最大的问题就是没有发展老年护理保险业。Lakdawalla 和 Philipson（2003）认为需要建立一种权利导向的老年护理成本项目，既能使老

---

① 中国保险年鉴社，中国保险年鉴 2013.

年人欣然接受，又不会影响受助老人的社会声誉。

（2）推行住房反向抵押贷款。住房反向抵押贷款指老年人将自己拥有完全产权的住房抵押给银行或者保险公司，由银行或者保险公司定期付给一定数额养老金或者提供老年公寓服务的一种新型的养老模式，在老年人离开人世后，银行或保险公司收回抵押的住房使用权。这种养老方式在美国等国家比较流行，被视为养老保障与金融融合创新的一项重要措施。

（3）推行年金制。年金源自于成熟的市场经济体，是企业主与员工在自愿基础上建立起来的一种职工福利计划。企业根据自身经营状况，结合员工的工资、岗位等提供一定的退休养老金，年金的实质其实是员工应该获取的劳动报酬但企业以延期的方式进行支付，或者是企业职工分享企业利润的变通模式。

3.4　人口老龄化催生特殊的金融风险

只要有金融活动，就必然存在金融风险。金融风险是指金融资产在未来一定时期内其预期收益因资产价格的剧烈波动而遭受重大损失的概率。金融是市场经济体系的动脉，也是市场经济发展的润滑剂和推进剂。金融在经济中的显性特征以及自身具有的高风险性及金融危机的多米诺骨牌效应，让金融体系的安全、高效和稳健运行成为经济全局的稳定和发展至关重要的因素。金融风险依据不同的标准其分类不同。李东风（1998）认为我国金融风险应划分为体制性风险、市场风险和经营性风险。冯中圣（1997）将金融风险分为宏观风险和微观风险两大类，宏观风险分为调控偏差型和制度缺陷型，微观风险分为资产风险、市场风险、汇率风险、流动性风险等八类。史春魁（2012）按照金融机构的类别将其划分为银行风险、证券风险、保险风险、信托风险。冯桂宾（2012）则将金融风险划分为信誉风险、市场风险、人事风险等。此外，还有学者将金融风险分为金融体系内在风险和外在影响风险等。

人口老龄化的金融风险主要表现为金融体系外在影响的金融风

险，也可能导致金融市场风险、证券市场风险、流动性风险、汇率风险等。人口老龄化作为一个渐进过程，不是造成金融风险的核心因素，而是在金融活动中因人口老龄化带来的不利影响可能对金融业造成潜在损失或者不利趋势，主要表现在金融资源在老龄化的配置过程中对货币政策传导机制产生的影响和风险，其根源在于经济主体的内在机制和金融本身的脆弱性。国际货币基金组织 2012 年《全球金融稳定报告》指出，养老问题将对现存的金融保险行业造成巨大挑战，到 2016 年总共将有 9 万亿美元的主权债务将不再安全，也就是说全球安全资产很可能将缩水 16%，"长命百岁"可能导致更严重的"老无所依"和"长寿版金融危机"的冲击。

3.4.1 金融脆弱性

简单地说，金融就是资金的融通。金融业作为资金供求的中介，其高负债经营的特点决定了金融业脆弱的本性。马克思认为，货币在它产生的时候就已经具有了特定的脆弱性。徐燕（2010）认为金融体系脆弱性就是指由于高风险状态的存在和演变造成金融体系抵御风险的能力不足而导致其内在不稳定及易受攻击性。

Minsky（1982）提出了金融内在脆弱性理论，从企业角度分析了金融脆弱性。黄金老（2001）认为，金融脆弱性从研究对象划分，可以分为金融市场脆弱性和传统信贷市场脆弱性。Kregel（1997）在"安全边界说"中以银行为视角研究了信贷市场的脆弱性。Keynes、Jorion 和 Khoury（1971）等从货币职能和特征，以及金融市场资产价格的波动研究了金融市场的脆弱性。

3.4.1.1 传统信贷市场上的脆弱性

Minsky 和 Hyman（1982）使用大数据综合分析了到银行借款的企业后，将借款企业分为抵补性借款企业、投机性借款企业和旁氏企业三大类，认为商业周期的存在是企业高负债经营的主要诱因，当宏观经济形势向好的方向发展时，绝大多数企业经营状况趋好，预期收入提高，企业借款的主要动因是进行抵补性融资。随着经济形势的良好发展，整个市场呈现出良好预期，企业纷纷扩大借款规模，尽管可能出现在一段时期预期收入小于借款本金，有时甚至达不到支付借款利息（在这种状况下，企业的抵补性融资减少），但为了追求超额利润，投机性借款企业和旁氏企业借款增加，金融脆弱性越来越严重。随着风险积聚程度的提升，经济一旦下行，企业预期收益降低，逐渐出现资不抵债状况，企业的资金链断裂，金融机构破产，资产价格泡沫破灭，就可能爆发阶段性的金融危机。Kregel（1997）引用"安全边界理论"提出了银行借款的"安全边界说"，认为商业银行利用充分的信息优势，主要关注借款人的信贷记录而不是预期收入，来确定银行贷款的安全边界。由于经济形势总是处于不断变化的过程，未来市场充满着不确定性因素，因为信息的不对称性，一些迟缓的，甚至是不知不觉的细微行为将对银行设定的安全边界进行侵蚀和影响，金融脆弱性因此而产生。Diamond、Dybvig（1983）提出了著名的 D-D 模型，认为由于存款人对资金需求的时间要求不同，银行为了应对存款人的流动性需求，必须保留资产的流动性，一旦银行资产流动性缺乏，当存款人判断银行可能出现问题时，出于安全本能，将会出现挤兑风潮。

3.4.1.2 金融市场上的脆弱性

Keynes、Jorion 和 Khoury 等认为金融市场上的脆弱性主要是来自于资产价格的波动性及波动性的联动效应。金融资产价格的过度波动是金融体系风险积聚的重要来源，也是金融市场上脆弱性的重要指标，主要表现在以下方面：一是传统的金融市场脆弱性主要来自于股市的过度波动；二是市场的不完全有效引起金融市场的脆弱性；三是汇率的波动增加金融市场脆弱性。根据戈登模型 $P = D/r + i' + g$（P 为股票价格，D 为预期基期每股股息，r 为货币市场利率，i' 为股票的风险报酬率，g 为股息年增长率）可以看出，股票的市场价格与本国货币市场利率成反比，因此货币贬值将导致股票市场下跌。这充分说明金融资产价格的波动与主要经济指标具有高度关联，世界上发生的主要的金融危机，大都与股票市场的剧烈波动有关。

3.4.1.3 我国的金融脆弱性

随着我国金融改革的深化，我国金融业逐渐从分业经营分业监管向混业经营分业监管转变，正规金融与民间金融并存，影子银行系统规模庞大，金融业之间债权债务关系复杂，金融行业之间关联交易进一步加大，可能出现牵一发而动全身态势，金融风险在金融企业之间的传染性和流动性倍增，一旦某个金融机构出现问题，可能导致整个金融体系的崩溃，甚至引发金融危机。

（1）金融体系的缺陷。经过几十年的发展，我国已经建立起相对完善的金融体系，但在金融转轨过程中，国有银行治理结构不彻底，没有完全按照市场化模式经营与管理，并承了较多的非商业性质的社会责任，一些银行贷款取向非商业化和对中小企业惜贷，一些商业银行经营不善，存在大量的不良资产。另外，民营银行和非存款性金融机构的飞速发展，金融行业竞争惨烈，一些违法经营和不当竞争已累积了很多的金融风险。

（2）银行体系不完善。由于我国企业直接融资比例较低，商业银行的贷款成为企业最主要的资金来源。2013 年 12 月末我国金融机构人民币各项贷款余额 71.9 万亿元，其中企业及其他部门贷款余额 55.18 万亿元，占全部贷款总额的 77%。① 因此，商业银行积累的不良资产是我国金融脆弱性的最主要的标志。我国国有商业银行尽管在转制过程中剥离了大量的不良资产，并通过国家财政补充了资本金，提高了商业银行的资本充足率，但和国外银行相比，我国商业银行的资产质量仍然较低，资本结构不合理。商业银行的资产质量和国有企业的效益存在高度正相关，在我国经济当前的内外困境下，企业效益的增长预期普遍下调，实体经济疲软，虚拟经济虚旺，影响了商业银行的经营抉择，积累的大量的不良资产，以及更大量的潜在风险。

（3）资本市场运营不规范。我国上市公司的公司治理普遍存在问题，控股股东约束力较弱，外部董事制度虚设。证券市场非理性投资氛围较浓，散户在证券市场所占比例全球最高，散户由于信息的不对称，碎片信息可能影响其投资抉择，因而出现非理性投资，一旦市场风吹草动，可能给散户造成重大损失，对证券市场的波动形成较大影响。此外，证券经营机构拥有雄厚的资金，实力强大，可以依托其优势反复对个股进行炒作，加剧了证券市场的脆弱性。

---

① 中国人民银行，2013 年金融统计数据报告。

3.4.2　金融危机

根据《新帕尔格雷夫经济学大辞典》的解释，金融危机又称金融风暴或金融海啸，是指一个国家或几个国家与地区的全部或大部分金融指标（货币资产、短期利率、证券、不动产价格、企业破产数和金融机构倒闭数等）在短期内出现剧烈波动超出社会经济体系所能承受的恶化状况。其基本特征表现为社会公众对经济发展预期普遍悲观，整个区域内货币大幅度贬值，不动产价格暴跌，经济规模与经济总量单边下挫，经济增长严重下滑。金融危机往往伴随企业大量倒闭，金融行业流动性不足，社会失业率增高，甚至出现社会动荡，有的国家还可能发生政治危机。

3.4.2.1　金融危机的类型及表现特征

国际货币基金组织在《世界经济展望1998》中将金融危机分为货币危机、银行业危机、外债危机和系统性金融危机。刘斌（2012）将金融危机分为货币危机、债务危机、银行危机和次贷危机。有的学者根据金融危机爆发的原因，将金融危机划分为内部性金融危机和外部性金融危机，根据金融危机爆发的地理范围，将金融危机划分为本土性、区域性和全球性三种类型。

货币危机，广义的货币危机泛指汇率的变动幅度超出了一国可承受的范围。狭义的货币危机指实行固定汇率制的国家，在遭受突然的投机性货币攻击或者宏观经济严重恶化情况下，该国货币汇率急剧贬值的现象。以东南亚金融危机为例，1997年2月，国际投资机构突然在金融市场上大量抛售泰铢，引发市场恐慌，掀起了泰铢的抛售风潮，致使泰铢汇率出现大幅度波动，泰铢严重贬值，造成泰国金融市场剧烈动荡，爆发金融危机，进而蔓延成为东南亚国家的金融风暴。由泰铢急剧贬值引发的东南亚金融危机沉重地打击了东南亚国家经济发展，阻滞了东南亚国家经济发展的强劲势头，造成东南亚国家国内物价不断上涨，利率居高不下，流动资金紧张，股票债券市场大跌，大量企业外债不断增加，经营困难，出现倒闭风潮，导致经济严重衰退。

银行业危机，指由于银行在经营过程中产生大量不良资产，造成流动性不足，不能如期偿付债务，出现支付困难，或者迫使政府出面提供援助，致使金融泡沫破灭而发生的现象。一家银行的危机发展到一定程度，可能刺激公众神经，激发羊群效应，产生连锁反应，进而殃及其他银行，引起整个金融业的动荡。银行业危机引发金融泡沫破灭将导致银行资产负债状况恶化，银行不良贷款不断增加，证券市场低迷，企业融资困难，影响社会经济发展。

外债危机，指一国政府在国际借贷领域大量负债，超过了自身的清偿能力，不能按照预先约定承诺偿付债务，从而导致贷款者遭受重大损失的情况。例如 1982 年发生的拉美国家债务危机，由于美元强劲升势以及大幅提升的利率使以美元为外债的拉美国家偿债能力大大下降，墨西哥等国宣布无力还清外债要求延期。拉美债务危机造成了拉美国家债务加剧，资本流出严重，经济停止增长，贫困人口增加等。

次贷危机，2007 年爆发于美国的次贷危机是由于美国的利率上升和住房市场持续降温，购房者的还贷负担大增，抵押再融资困难，导致大批次贷的借款人不能按期偿还贷款，银行收回房屋，却卖不到高价，大面积亏损，引发了次贷危机。次贷危机于 2006 年春季开始逐步显现，2007 年 8 月席卷美国，进而发展到欧盟和日本等世界主要金融市场。次贷危机引起次级抵押贷款机构破产、投资基金被迫关闭，不仅给金融机构带来了巨大损失，还导致了市场信心极度匮乏，股市汇市动荡，美国及全球经济增长放缓。

在世界经济一体化程度加深的背景下，一国或某区域内爆发的金融危机可能迅速席卷全球，危机的破坏性更强，影响更深，形式多样混合，极易形成系统性的金融危机，对实体经济造成危害，对世界经济发展造成破坏性影响。

3.4.2.2 货币政策对金融危机的影响

2007 年美国爆发的次贷危机迅速演变成为全球金融危机，对世界经济发展带来长久的不利影响。危机爆发后，各国经济学家和政府当局对危机爆发的背景与原因、治理与对策、反思与防范进行分析和研究，纷纷对国际货币体系和美国货币政策提出质疑，又一次掀起了对货币政策理论研究的热潮。Taylor（2009）对美联储 2000—

2006 年实施的货币政策进行分析后认为，美国宽松的货币政策是危机爆发的重要原因。国际清算银行在《国际清算银行 2008—2009 年度报告》（2010）中指出，全球经济发展失衡和长期持续的低利率政策是危机爆发的两大宏观经济原因。

金融危机与国际货币体系。世界金融危机的爆发，扰乱了业已混乱的国际金融秩序，加剧了国际金融动荡，导致国际货币体系的重构。金本位制国际货币体系形成于 19 世纪 80 年代，以黄金为通用货币，这种货币体系在 20 世纪 30 年代世界经济大萧条大危机中，迅速土崩瓦解。1944 年，美国依靠强大的经济实力，主导签订了《布雷顿森林协定》，世界金融进入了美元与黄金挂钩，其他国家的货币与美元挂钩的布雷顿森林体系。20 世纪 70 年代开始，美国陷入"特里芬两难"，由于巨额财政赤字和信用的扩张，国际收支信用下跌到冰点，国际金融市场大规模抛售美元，爆发"美元危机"，美国宣告停止世界各国以美元兑换黄金，布雷顿森林国际货币体系彻底崩溃。1976 年，国际货币基金组织在牙买加签订了"牙买加协定"，就汇率体系、黄金、扩大国际货币基金组织对发展中国家的资金融通、增加会员国在国际货币基金组织份额等达成一致意见，世界金融从此进入牙买加国际货币体系。20 世纪 90 年代以来，世界范围内的金融危机此起彼伏，牙买加体系千疮百孔、摇摇欲坠，已阻碍了世界经济发展的步伐。各国政府和经济学家就建立新的世界货币金融体系提出改革建议，周小川（2009）提出构建"超主权储备货币"，哈佛大学教授、国际货币基金组织前首席经济学家 Kenneth Rogoff 建议建立多元货币储备体系。因此，李若谷（2010）认为，不合理的国际货币体系使金融危机危及全球经济。

金融危机对货币政策有效性的影响。Frederic S. Mishkin（2006）认为，在金融危机背景下货币管理当局应当采取更加积极的货币政策，抵减货币政策的负循环效应。邓翔（2008）认为美国金融危机爆发的深层原因是金融监管未能跟上金融创新的步伐，从而导致监管的缺失。卢君生（2010）研究发现，自金融危机爆发以来，我国货币政策对于经济增长的刺激作用是显著有效的，没有陷入与 20 世纪 90 年代日本经济相类似的"流动性陷阱"的困境。

金融危机发生后，泛滥的金融衍生产品成为罪魁祸首，大量的证券化资产价格暴跌，成批的金融机构陷入深渊，金融机构为了降低经营风险，纷纷收缩信用，更加速了危机的形成与传播，整个社会进入通货紧缩阶段。政府和货币管理当局为化解金融危机，采取积极的财政政策和货币政策对经济实施强力干预。积极的货币政策通过信贷渠道、利率渠道、汇率渠道和资产价格渠道四种传导机制直接作用于金融机构、市场主体和消费者个人。货币管理当局通过调整存款准备金率和再贴现率以及在公开市场买卖证券来调节货币供应量，通过改变基础货币供应量来调节货币流通量，影响市场的利率和汇率水平，进而影响投资和消费。

货币主义学派和理性预期学派认为，货币政策是中性的，不会影响实际产出与资源的配置，凯恩斯主义认为货币政策能够促进实体经济的增长，是有效的。Otrok（1994）通过对美国、澳大利亚两个国家的货币供给量和 GDP 进行实证分析，认为货币政策并非完全是中性。刘斌（2001）认为中国的货币政策短期内对实体经济是有冲击的，但是从长期来看，货币政策的有效性越来越弱。刘金全、郑挺国（2006）研究发现，中国货币政策的作用具有明显的不对称性，经济衰退时期对实体经济的刺激效果要好于经济扩张时期的效果。从金融危机爆发背景下各国政府和货币管理当局采取的举措来看，不管货币政策的中性与非中性观点孰是孰非，通过货币政策的实施化解金融危机是必然的选择。尽管美国次贷危机已过时日，但美联储继续实行量化宽松的货币政策防范金融风险，是不争的事实。

3.4.3　人口老龄化与金融风险

中国建投研究中心主任张志前 2010 年 3 月在《都是人口老龄化惹的祸》一文中认为，从经济社会发展的基本要素角度看，希腊债务危机的根本原因是希腊社会的老龄化问题。中国社科院人口所胡伟略研究员反驳了这个观点，认为欧债危机是欧洲国家自身长期积累的结构性矛盾的一次集中爆发，是财政与货币政策二元性矛盾引发的金融经济危机。英国金融时报记者克里斯·库克在 2009 年 4 月《老龄化风险超过金融危机》一文中引用国际货币基金组织的预测数据指出，从 2007 年至 2014 年，G20 中工业化国家的平均国债负债率（国债与 GDP 之比）将上升至近 25%，这是一项沉重的负担，但到 2050 年，这场危机的成本最多只占人口老龄化带来的财政成本的 5%。虽说这场危机造成了庞大的财政成本，但至少在发达国家，长期财政偿付能力面临的主要威胁仍来自不利的人口变化趋势。结合世界人口老龄化发展趋势以及以上作者的观点可以看出，人口老龄化不仅可能引发金融风险，其危害甚至可能超过金融危机。

人口老龄化引发的金融风险，不仅可能通过货币市场、资本市场直接或者间接引发金融动荡（4~7 章将进行相关论述），还可能通过养老保险的制度安排引发金融风险。世界上现行的养老保险制度主要有两种，就是现收现付制（PAYG）和基金积累制，一些国家实行的混合制其实就是 PAYG 和基金积累制的结合，其中现收现付制被美国、英国和日本等世界上大多数国家采纳使用。

3.4.3.1 PAYG（pass as you go）的风险

PAYG 是指同一个时期工作期人口供养该时期老龄人口的养老金制度安排。Nicholas Barr（2003）认为如果采取现收现付制，由于劳动人口减少，社会总产出将下降，养老金的缴费额度将相应减少，可能出现支付危机。程永宏（2005）详细分析了现收现付制与人口老龄化的关系，发现人口老龄化并不必然导致现收现付制发生支付危机，关键在于经济增长速度与人口老龄化速度之间的差距。何林（2010）认为老龄化问题是现收现付制养老保险面临的最大问题。袁志刚、葛劲峰（2003）认为现收现付制下人口的变动会影响养老保险的均衡。因此，在老龄化社会，老年抚养比的上升将不断加重工作期人口的负担，工作期人口的养老保险缴费金额不得不大幅增加，政府为了缓解缴费率的提高，必然要采取措施解决养老资金的来源问题，就需要通过增发债券来进行融资，以平衡养老保险资金的缺口，部分国家财政赤字需要通过海外融资进行弥补，这样就将非老龄化国家一并绑架到老龄化战车上，进而形成世界性联动影响。随着老龄化的加深，国民储蓄下降，导致投资下降，将降低国内经济增长速度，国家财政弥补养老金的缺口不断加大，将促使中央银行财政性货币发行，引发通货膨胀。在老龄化背景下，国际收支逆差扩大，大量的资金外流将会降低经济增长速度，引发资本市场动荡，可能触发系统性金额危机。

3.4.3.2 基金积累制的风险

基金制就是个人在工作期间用积累的缴款所挣取的利息收入提供保险金的制度。具体说来，就是一个人在就业期间向政府管理的养老保险基金缴款，该基金随着时间的推移不断生息增值，当这个人退休后，其所获养老金来自于该基金的利息收入。Arrow（1971）认为，随着财富的增加，人们对风险的厌恶程度将随之增加，老年人对风险有较高的厌恶度。Abel（1999）指出当战后婴儿潮处在年轻的时候，因大量购买股票导致股票价格上升，在其退休时相继卖出股票，导致股票价格下降。郑功成（2010）认为中国养老保险的持久风险来源是基金贬值风险。Nicholas Barr（2003）认为人口老龄化虽然不会减少名义上的养老基金，但社会总产出的下降，相同条件下将降低老年人口实际获得的产品数量，发生需求拉动型通货膨胀。因此人口老龄化对资产价格波动的影响，是人口老龄化对基金积累制的最大的风险。

3.4.3.3 人口老龄化与我国养老保险制度的金融风险

新中国成立以来，我国养老保险制度经过不断的改革与实践，形成了"统账结合"的混合型养老保险制度。统账结合就是"社会统筹与个人账户相结合"，由企业和个人共同缴费，养老保险机构为每个人建立个人养老保险基金账户，个人按工资一定的比例向个人账户缴纳养老金，企业缴纳的养老金纳入国家养老保险统筹基金，成为全体参保人员的共同基金。统账结合的养老保险制度可以形成一定的资金累积，能够做实个人账户，减少空账运行，同时也不失灵活性。统账结合的养老保险制度避免了现收现付制下劳动适龄人口负担过重问题，也避免了实行完全积累制初期大量的养老资金需求。这种制度安排减轻了我国人口老龄化带来的不利影响，也充分考虑到了个人账户养老金代际转移和分配，符合我国社会保障体制机制改革的宗旨，也体现出养老保险的公平性。伴随我国低出生率和低死亡率，老龄化程度加深对我国养老保险制度提出了新的挑战。胡晓华等（2013）认为老龄化导致我国赡养比不断提高，制度供养人数增加，进而加重政府财政负担。赵竹青（2013）认为随着退休人口寿命延长，养老保险基金给付周期将延长，同时由于生活水平的提高，养老金支付费用将相对增长。孙祁祥、朱俊生（2008）认为我国人口年龄结构的转变与现行的养老保险制度之间存在着老年人口贫困与养老保障水平降低之间的矛盾等五大矛盾急需解决。徐晓（2012）认为统账结合的养老保险制度存在隐性债务、资源分配不公、基金保值增值等问题。

我国养老保险制度的风险来源。郑功成（2010）认为，由于我国养老保险特殊的制度设计以及我国传统的养老保障文化，我国养老保险制度不存在因人口老龄化而出现财务危机，其核心在于养老保险基金的投资风险。因此，我国养老保险制度的风险来源主要有以下方面：一是初次收入分配失衡和劳动报酬持续攀升。劳动者初次收入分配是收入分配中最基础和最核心部分，从我国国民收入初次分配的总量和结构看，居民收入增长滞后、比重偏低，成为收入分配的弱势群体，而政府和企事业单位则处于强势地位，这是造成收入分配失衡的最重要原因。随着劳动力价格计量逐渐向以社会必要劳动时间计量的劳动价值的提升，劳动报酬近年来呈现整体攀升态势，这必然导致养老保险费的收缴无法按照实际收入来测算，更无法预测养老保险支取的真实需求。二是养老保险的隐性债务问题。我国在混合型养老保险制度的建设中，对原来没有个人养老保险账户的退休人员在新的个人账户领取养老金，国家允许向个人账户透支"空账"运行，由新缴纳的养老金和累积资金发放退休金，据《中国养老金发展报告 2013》显示，2012 年我国城镇职工基本养老保险制度的个人账户空账达到 2.6 万亿元。另一方面，由于老龄化导致制度缴费人数下降，领取养老金人数增加，我国养老保险制度面临"旧债新账"的双重压力。三是养老保险基金的保值增值问题。我国养老保险基金主要包括城乡居民基本养老保险基金（2014 年 2 月 8 日国务院决定合并新型农村社会养老保险和城镇居民社会养老保险，建立全国统一的城乡居民基本养老保险制度）、全国社会保障基金和企业年金与职业年金三大部分，仅 2012 年城镇职工基本养老保险个人账户累计记账额达到 29 543 亿元①，如此规模巨大的养老保险基金，怎样实现保值增值，成为当前养老保险制度面临的重大问题。

我国养老保险制度的金融风险。我国的养老保险制度脱胎于计划经济体制，由于制度设计的原因导致先天营养不足，再加之我国金融市场品种单一、监管力量分散、基金管理漏洞多等原因导致后天发育不良，必然导致我国养老保险制度面临各种各样的金融风险。一是基金投资风险。2000 年 8 月，国务院决定建立全国社保基金，2001 年 12 月 31 日《全国社会保障基金投资管理暂行办法》（以下简称《暂行办法》）发布施行，《暂行办法》第 25 条规定，社保基金投资的范围限于银行存款、买卖国债和其他具有良好流动性的金融工具，包括上市流通的证券投资基金、股票、信用等级在投资级以上的企业债、金融债等有价证券。而社保基金理事会直接运作的社保基金仅限于存入银行和购买国债。2003 年 6 月，全国社保基金以委托投资方式进入证券市场。投资有风险，高收益也就意味着高风险，存入银行和购买国债的收益率远远低于工资增长率，因此其投资收益不能确保其保值增值。由于我国证券市场不规范和完善，投资证券市场风险更大，这种高风险还不能确定能带来高收益，实际上还成为更大的显性的风险。二是货币贬值风险。当前，世界主要经济体为促进后危机时代的经济发展，纷纷效仿美国采取量化宽松货币政策，国际金融市场通胀压力骤增，单位货币包含的社会财富量减少，对养老保险制度造成长久的主要的风险来源。三是利率风险。利率风险表现为养老保险基金获得的收益率与资金的社会成本之间存在的差距，赵昕等（2011）经过测算发现我国经济 10% 左右的高速增长资本的贡献率为 52.7%，按要素理论推算养老保险基金的报酬率应有 5% 的年收益率，而我国养老保险个人账户的年收益率仅为同期银行利率，银行利率大致相当于社会资本成本的 50%，因此基金的报酬率远远低于社会平均报酬率，养老保险基金面临巨大的利率风险。

---

① 中国社科院，中国养老金发展报告 2013。

综上所述，在人口老龄化加深情况下，社会保险制度风险不仅有内部风险和外部风险，还有体制风险与运营风险，因而必须加强风险管理，强化风险控制，把风险控制在最小的范围，促进我国养老保险事业的健康发展。

4 人口老龄化对货币政策利率传导机制的影响

4.1 货币政策利率传导机制的理论分析

4.1.1 货币政策利率传导机制的主要理论

利率伴随着资金的让渡而产生，是货币政策传导机制最主要的渠道和最经典的形式，也是成熟的市场经济体资源配置最有效和最常用的杠杆。利率直接连接着货币资金的供给与需求，是中央银行传导货币政策最关键的工具，自产生以来就受到专家学者最深入和最成体系的研究。货币政策利率传导机制的理论研究从研究的历史溯源和影响程度看主要包括货币数量论、凯恩斯主义、新古典主义、货币主义和新凯恩斯主义等主要学说。

4.1.1.1 货币数量论

费雪方程式。费雪（Irving Fisher）在1911年《货币的购买力》一书中提出了著名的费雪方程式：$MV = PT$（M指货币总量，V指货币流通速度，P指商品的平均价格，T指总交易商品量），强调货币中性命题，认为在V与T不变的假设条件下，价格水平变动仅源于货币数量的变动，当M变动时，P作同比例的变动，因此货币供给与一般物价水平同比例变动。

维克塞尔累积过程理论。维克塞尔（Knut Wicksell）在1898年《利息与价格》一书中放松了关于货币流通速度不变的假设，把利率分为货币利率（金融市场的利率）和自然利率（借贷资本的需求与储蓄供给相一致时的利率），认为货币作为交易媒介，在两种利率相一致时处于货币均衡状态，此时货币是中性的，而货币作为资本积累与借贷媒介是非中性的，当货币利率低于资本自然利率时，资金价格偏低，刺激投资需求，推动物价上涨；反之，则资金价格上升，投资成本加大，导致投资萎缩，带动物价不断下降。

4.1.1.2 凯恩斯主义的 IS-LM 模型

凯恩斯在 1935 年出版的《就业、利息和货币通论》一书中，提出了著名的货币政策传导理论，他指出货币通过利率影响投资，进而影响社会总供求和总需求（第二章已作介绍）。希克斯（J. R. Hicks）（1936）将其概括为 IS-LM 传导模式，后经汉森（A. Hansen）和萨缪尔森（Paul A Samuelson）等学者的不断完善，形成了著名的 IS-LM 模型利率分析理论，模型见图 4-1。

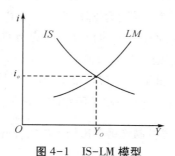

图 4-1　IS-LM 模型

IS-LM 模型是描述货币市场与商品市场之间相互联系又相互影响的理论结构。根据 IS-LM 模型，利率的决定因素不仅取决于储蓄供给和投资需求，还受到货币供给和货币需求等因素的影响，因此，储蓄投资、货币供求关系的变动都将影响到利率水平。一方面货币市场上的供求情况决定利率，利率作为调节货币资金的杠杆，又影响商品市场上的总需求，尤其是投资需求；另一方面，商品市场规模决定国民收入，而国民收入情况又影响到货币市场上的货币需求，进而影响到利率。由此可见，货币市场和商品市场是相互作用相互联系的。IS-LM 模型理论的提出，标志着利率决定理论完成了从局部均衡分析向一般均衡分析的飞跃，也因而很快为西方大部分经济学家所接受，并逐渐成为当代西方经济学中占据主导地位的利率传导理论。

4.1.1.3 货币主义学派利率传导理论

20世纪六七十年代，以弗里德曼（Milton Friedman）为代表的经济学家对凯恩斯主义货币政策传导机制理论提出了挑战，形成货币政策发展史上著名的货币主义学派。货币主义学派认为，货币供给量的变化直接影响支出，然后再由支出影响投资，最终作用于总收入，因此利率在货币政策传导机制中不起重要作用。货币主义学派认为，货币需求函数与货币供给函数的相互作用及其均衡状态，不仅受现实中存在极其稳定的货币需求函数和名义收入的影响，还取决于物价水平波动幅度，货币数量在变动之初首先受到影响的并不是收入，而是债券、股票、房产和其他实物资产的价格，货币在短期是非中性的，而在长期是中性的。在扩张性货币政策条件下，货币供应量的增加，名义利率下降，并直接导致企业和社会公众现金量的增加，提高企业和个人的投资与消费预期，提高债券、耐用消费品等资产价格，进而刺激投资，利率上升，社会总收入增加。因此利率在货币供应量增加之初时会下降，在投资需求刺激提高时将上升，利率可能会误导货币政策传导的实效性。

4.1.2 利率传导机制作用于市场主体的经济行为分析

货币政策的利率传导，必须通过市场主体的具体行为最终作用于社会的总需求和总产出，从而形成传导的总链条。

4.1.2.1 利率传导与居民储蓄的关系

按照古典利率理论的观点，马歇尔（Alfred Marshall）的等待与资本收益说认为，利率是抑制现在的消费、等待未来的报酬，因此利率对于储蓄的作用是单一的、正方向的和十分有力的，利率的提高可以刺激居民的个人储蓄动机，从而抑制消费的增长；反之将抑制储蓄，刺激消费。货币主义学派和凯恩斯主义学派关于利率的观点又有所不同，利率对储蓄的作用可能出现双重影响，既有正向效应，也有反向作用。根据生命周期假说理论，当前的收入和储蓄是为了平滑跨期的消费，因此利率影响居民储蓄的变化和程度，关键在于利率的变化是否影响到了个人生命周期内的收入。按照财富效应理论,利率变化通过影响个人的资产负债表从而改变个人的财富价值和财富收益,而财富价值与财富收益因利率变动呈相反方向变化。当利率上升时财富价值下降幅度大于财富收益上升幅度,储蓄将增加;当利率上升时财富价值下降幅度小于财富收益上升幅度,储蓄将下降;当财富价值下降幅度与财富收益上升幅度相当,储蓄会不升也不降。

从理论上分析,利率的变动将引起资产价格的变动,进而影响居民的储蓄和投资决策。在我国,由于资本市场尚在完善之中,居民投资渠道单一,社会保障体系仍不健全,导致居民对利率的敏感性较差,居民储蓄率居高不下。随着我国老龄化进程的深入,金融市场的规范,长期的低利率政策将会刺激居民的投资欲望,增强利率的敏感性,提高利率传导的有效性。

4.1.2.2 利率传导与居民消费的关系

根据莫迪利亚尼的个人消费函数和总量消费函数可以看出,居民的消费与社会总量消费不仅取决于给定的年度,更决定于当期的收入情况,居民的收入增长幅度与消费增长幅度高度关联,呈正比例关系。居民的消费需求还与通货膨胀有关联,从理论上分析,名义利率=实际利率+通货膨胀率,当名义利率不变,通胀率上升,将导致实际利率下降,而实际利率的降低将刺激消费需求。而在我国,在通货膨胀预期增加的情况下,不仅不能够刺激消费,反而还导致消费萎缩,这是我国不完善的社会保障制度、就业压力的增长以及住房和教育等民生预期支出的加大造成的,越是通货膨胀,居民的预防性储蓄动机就越强烈,因此我国居民的消费对利率弹性的敏感度较差。

4.1.2.3 利率传导与企业投资行为的关系

货币政策的资产负债表渠道表明,利率上升,将提高企业的外部融资风险溢价,在相同条件下将增加企业的银行信贷成本,进而对企业的投资决策造成影响,降低企业的投资行为,因此利率的变动与企业的投资经营行为负相关。凯恩斯主义认为,企业对利率弹性的敏感度很高,盈亏平衡企业因为利率的上升将陷入亏损经营状态,形成利率上升对企业的"挤出效应"。但 Ingersoll 和 Ross

（1992）以金融期权为视角发现利率波动对于投资影响具有不确定性；Calcagnini 和 Saltari（2000）发现利率波动对于企业投资的影响并不显著。因此可以看出影响企业投资行为的因素很多，利率与企业投资行为之间还隔着无数条鸿沟。从我国来看，杨建武、丁庭栋（2012）、王红光（1999）、陈建南（2004）等均认为利率变动与企业投资行为呈负相关关系。

4.2 货币政策的利率传导机制及其嵌入人口年龄结构的相关文献回顾

货币政策的利率传导机制就是中央银行通过释放政策信号，产生利率变化，引起货币政策中介目标的变动，并最终引起国民经济主要经济指标发生变化的途径。凯恩斯主义认为，中央银行实施扩张性货币政策，流通中的货币供应量增加（M↑），整个社会的流动性提高，货币市场和资本市场的利率下降（i↓），进而刺激投资需求，导致投资增加（I↑）和消费增加，这样社会的总需求和总产出增加（Y↑）。在市场机制完善的国家，Bernanke 和 Blinder（1992）、Bernanke 和 Gertler（1995）、Estrella（1997）、Fung 等（1995）从不同角度证明了利率杠杆在货币政策传导中的重要作用，利率是货币政策传导的主渠道和主路径。

在我国市场化机制建立和完善过程中，中央银行仍然掌握着金融机构存款利率上限的管控权，利率市场化改革尽管已经迈出步伐但还有更难的路要走，因此我国利率在货币政策传导机制中的作用与传导效果与发达国家相比仍有一定差距，甚至王宏生（2013）认为我国货币政策利率传导机制是失效的。王召（2001），潘耀明等（2008），龙琼华、伍海华（2009），高山等（2011），何颖（2011）等，认为我国货币政策利率传导渠道存在梗阻和时滞，传导有效性较低，对宏观经济变量的解释作用不强，对货币政策由直接调控转向间接调控制造了障碍，因而没有充分发挥其传导功能。

刘德英（2012）分析了我国利率传导机制作用发挥受阻的原因，

认为我国货币市场利率与贷款利率没有形成高效的连接机制，无论是抑制经济过热还是调控通货膨胀，都不能单纯依赖货币政策。张辉、黄泽华（2011）认为货币市场利率对通货膨胀率的短期调控能力较弱，其主要表现在于对通胀预期的引导，利率管制是利率传导机制部分失效的重要原因。乐毅、刁节文（2013）认为在商业银行存贷款利率尚未完全市场化的情况下，银行间隔夜拆借利率是很好的货币政策指标。谢平、罗雄（2002）首次提出泰勒规则可以很好地衡量中国的货币政策。李松华（2013）认为泰勒规则在我国具有一定的适用性，利率可以作为我国的货币政策中介目标进行传导。刘积余（2004）认为要促使市场利率形成机制在金融资源配置中发挥主导作用。周纲、陈金贤（2009）认为利率传导的基本前提是利率市场化，需要政府在金融改革中做出系列变革。

在人口年龄结构对货币政策利率传导机制的影响方面，Miles（2002）和 Bean（2004）等认为，人口年龄结构的变化可能影响真实的利率水平，老龄化程度与真实利率负相关。Geanakoplos、Magill和 Quinzii（2004）根据 OECD 国家 1960—2011 年 3 个月短期利率与中年-青年人口比率倒数走势图可以看出，人口结构与利率之间存在很强的协同关系，中年—青年人口比率倒数不仅与利率的趋势基本相同，而且能很好地匹配利率走势的拐点。台湾工商时报在 2003 年10 月 23 日工商社论指出，美国在婴儿潮时代逐步转变，进入老年潮之后，美国国内劳动供给将减少，储蓄率、投资率、经济增长率均将下降，贸易赤字与财政赤字则呈长期增长之势，最终美元利率将自谷底回升，迫使全球利率上升。2013 年 12 月 1 日日本富国银行的报告指出，2013 年 11 月日本 65 岁及以上国民人数占总人口百分比首次超过 25%，意味着日本四分之一的国民都是 65 岁及以上的老人，而且这样的老龄化速度还在加快，人口严重老龄化导致日本国内利率明显扭曲，老年人对日本国债收益率的影响力超过了日本央行当年史无前例的量化宽松。在国际货币基金组织 2013 年 1 月一份的报告中，分析师 Patrick Imam 通过研究反映每个国家老年抚养比变动引发的变化，侧重于老龄化至少能在多大程度上解释利率敏感度，发现人口趋势确实与货币政策有效性的降低存在关系，如果货币政策在逐渐老龄化的社会中成效较差，在其他条件不变的前提下，要让经济有所改变，利率调整的幅度就必须大于年轻社会的调幅。

4.3 我国利率传导机制的体系与特征

4.3.1 我国目前的利率体系

利率体系是指各类利率之间以及每类利率内部之间互相依存和互相制约的系统。利率体系按不同的标准可以划分不同的类型，目前通行的划分方式有两种，一是按所依附的经济关系划分为存款利率和贷款利率，二是按借贷主体划分为银行利率、非银行金融机构利率、有价证券利率和市场利率，其中银行利率包括中央银行利率和商业银行利率。利率体系的简繁程度，主要取决于国家经济金融的发展状况。我国的利率体系主要分为中央银行利率、商业银行利率和金融市场利率三类。

中央银行利率，就是指商业银行在中央银行存贷款的利率，目前主要有存款准备金率、再贴现率、再贷款率和中央银行发行的票据利率。中央银行利率在整个利率体系中居于核心地位，是其他利率变动的基准。

商业银行利率，就是商业银行向社会公众提供存贷款的利率，是我国利率体系的主体部分，主要包括存款利率和贷款利率两大类别。商业银行利率是利率市场化改革的重点和核心。

金融市场利率，就是金融市场上借贷双方资金供求的价格。金融市场利率的分类主要依附金融市场的划分而定，如货币市场利率、债券市场利率等。金融市场利率是金融市场资金借贷成本的真实反映，随着我国利率市场化改革进程加快，金融市场利率已部分率先实现了市场化。

4.3.2 我国目前利率体系的特征

4.3.2.1 市场利率与管制利率并存

新中国成立以来，我国利率一直处于高度管控之中，1986 年 1

月以专业银行之间同业拆借市场成立为标志开始了利率市场化进程，到目前为止已有部分利率实行了市场化定价，呈现出计划经济下的管制利率和市场经济下的市场利率并存的态势。

4.3.2.2　利率结构复杂

利率结构是指利率与期限之间的变化关系，我国利率的决定方式既有市场因素，又有计划手段；既有时间差异，也有属性类别；既有管制利率，也存在优惠利率；既有改革到位的，也有改革调整中的。因此我国利率结构层次多样，体系复杂，期限繁多。

4.3.2.3　利率结构不合理

一方面商业银行活期存款利率低于中央银行的超额存款准备金率。根据中央银行货币政策理论，存款准备金是中央银行为维持经济金融的稳定以及确保金融机构为保证客户提取存款和资金清算需要，商业银行缴存在中央银行的存款，这个存款是不支付利息的。我国不仅规定了商业银行需要缴存较高的法定存款准备金，中央银行还要向商业银行支付法定准备金和超额存款准备金利息，并且这个利率高于活期银行存款利率，这就使商业银行可以毫无风险地获得利差收入，在国家宏观经济形势不稳时，商业银行可以向实体经济"惜贷"而资金不受损失，降低商业银行资金配置的效率。另一方面商业银行存贷之间的利差过大。但在我国，由于利率管制，银行利差较大，利差收入成为银行盈利的主要来源，银行业不需要凭自身超强的经营和创新能力就可以获得丰厚的利润。国际知名咨询公司波士顿2011年发布的《银行业价值创造报告》显示，与世界成熟同行相比，中国银行业的利润来源仍然是传统的存贷款业务和与之相伴的惊人存贷款利差，中国银行业利差比国外高14倍。2011年12月初，民生银行行长洪崎一句"银行利润太高，都不好意思公布"的话揭开了银行暴利的面纱。

4.3.3　我国利率市场化改革的进程及阻碍因素

4.3.3.1　我国利率市场化改革的进程

我国利率市场化改革发轫于1986年同业拆借市场。1986年1月7日，国务院发布《中华人民共和国银行管理暂行条例》，规定专业银行之间的资金可以相互拆借，相互拆借的利率，由借贷双方协商议定。1993 年党的十四届三中全会《中共中央关于建立社会主义市场经济体制若干问题的决定》，提出了"中央银行按照资金供求状况及时调整基准利率，并允许商业银行存贷款利率在规定幅度内自由浮动"，拉开了利率市场化改革的序幕。

1996 年，中国人民银行取消了同业拆借利率的上限管制，规定银行间同业拆借利率可以随市场供需状况自由浮动，标志着我国利率市场化改革正式启动。1996—2004 年，中国人民银行先后对贴现利率、再贴现利率、债券市场回购利率、现券交易利率等完全放开，基本实现了金融机构贷款利率上限放开、下限管理，存款利率下限放开、上限管理的转变。2013 年 7 月 20 日，中国人民银行全面放开金融机构贷款利率限制，同时还取消了票据贴现利率管制。2013 年 10 月 25 日，中国人民银行贷款基础利率集中报价和发布机制正式运行，对提高金融机构信贷产品定价效率和透明度，增强自主定价能力，减少非理性定价行为，维护信贷市场公平有序的定价秩序起到积极作用。截止到目前，我国银行间拆借市场、协议存款产品、国债市场等已完全市场化，初步实现了由市场决定资金的供求价格，仅对金融机构的人民币存款利率实行上限管理。

4.3.3.2 我国利率市场化的阻碍因素

我国在由计划经济向市场经济转变的过程中，社会各阶层、各行业集聚了许多深层次矛盾，利率市场化的过程，映衬了经济发展的转变过程，在经济金融行业领域积淀了许多发展的桎梏，在当前经济与社会的转型升级过程中，这些矛盾和问题更加凸显，成为阻碍经济发展的硬骨头，也成为利率市场化改革的绊脚石。

（1）货币政策未实现市场化。利率市场化的基本前提就是资金的供给和需求配置市场化，由于我国中央银行的独立性较弱，对货币供应量的控制以国家经济发展战略规划为指导，使市场对资金的需求难以反映真实的供求关系。尽管中央银行放开了商业银行贷款利率上限，但仍对商业银行年度信贷资金总规模进行控制，商业银行基于风险防范的考虑，必然将资金贷给风险较小的国有企业或者具有垄断性质的行业，大量中小企业贷款难，市场上资金得不到合理有序的流动，改变了资金的供求平衡。

（2）金融机构的市场化改革未完成。金融机构作为资金供应的主体，尚未建立科学规范的内部治理结构，对风险的预防、防范、评价和处理的综合评价考核体系尚待完善。政策性金融机构的非政策性业务与商业性金融机构的带政策指令性业务交错，影响了资金的供求关系。同时由于我国商业银行盈利模式单一，主要依靠存贷利差获取丰厚利润，中间业务等金融创新不足，利率市场化将改变商业银行的盈利格局，甚至引起金融动荡。

（3）企业现代管理制度尚未完全建立。追求利润的最大化是企业天然的本性，部分企业为了追求眼前利益，忽视长期战略与整体规划，内部治理结构不完善，决策盲目，激励约束机制畸形。一些国有企业依托资源优势和政策照顾，在资金的优化配置方面处于绝对优势，各类企业间竞争环境不公平。此外，由于国有企业资金成本低，可以有充足的资金拓展非主营业务，致使经营专注度低，效率低下，经营业务繁杂，加大了经营风险。

（4）我国居民对金融风险的识别能力不足。尽管沪深股市曾经给社会公众上了不止一次的风险投资课，甚至出现个别不理智股民跳楼和游行事件，但总体上我国居民还不能根据收益与风险等综合因素自主选择金融产品，还不能进行科学理性的投资决策，将市场的残酷性寄托于政府的调节和干预。

4.4 人口老龄化对货币政策利率传导机制影响的理论模型与实证研究

4.4.1 变量选择

货币政策利率传导机制是通过货币政策影响货币供应量，货币供应量的变化引起利率的变化，进而影响投资与消费，并最终作用于生产环节，使产出水平发生变化，影响经济的增长。因此，在分析人口老龄化对货币政策利率传导机制的影响时，需要研究的变量不仅包括人口老龄化指标，还有货币供应量、利率、消费、经济增长。

（1）人口老龄化指标。根据第二章老龄化的衡量指标情况，为避免人口老龄化预测数据与实际情况的偏差，选取 2002—2012 年度老龄人口抚养系数即老年抚养比（ODR）作为参数。

（2）货币供应量指标。西方国家的中央银行，从 20 世纪 70 年代开始，就把货币政策的中介目标，从信贷增长额和自由准备金的控制转为货币供应量指标的控制。我国自 1995 年起正式把货币供应量指标作为货币政策的中介目标，其可供选取的指标有 M0、M1 和 M2，我国中央银行在实施货币政策时主要以广义货币供应量 M2 作为监测对象，因此在研究中选择 M2 代表货币供应量的变化。

（3）利率指标。我国利率结构复杂，层次类别多样，反映利率的指标主要有商业银行的存贷款利率、银行间同业拆借利率、商业银行贴现率、债券回购利率等，但商业银行的存贷款利率还没有完全市场化，不能真实反映资金的供求状况，而银行间同业拆借利率是我国最早实现完全市场化的利率，因此选择银行间同业拆借利率（SHIBOR）作为市场利率的度量指标。

（4）消费指标。代表消费的变量，选取社会消费品零售总额（LNSR）指标。

（5）经济增长指标。经济增长是我国货币政策的最重要的终极目标，也是衡量产出的主要标志，因此以 GDP 指标作为经济增长的宏观经济变量。

从数据来源来看，货币供应量（M2）、银行间同业拆借利率（SHIBOR）的数据来源于中国人民银行网站，老年抚养比（ODR）、社会消费品零售总额（LNSR）、GDP 的数据来源于国家统计局网站。ODR 为年度数据、GDP 为季度数据，其余数据均为 2002 年 1 月至 2012 年 12 月的月度数据。

4.4.2　数据处理与检验

在本节的计量检验中，重点分析银行间同业拆借利率（SHIBOR）、货币供应量（LNM2）、老年抚养比（ODR）、社会消费品零售总额（LNSR）和经济增长（GDP）之间的关系。这里由于分析的需要，将 M2、SR 进行取对数处理。在模型构建之前，首先要检验各个变量的平稳性，检验结果如表4-1、表4-2、表4-3、表4-4、表4-5所示。从检验结果可以看出，各个变量都呈现出水平不平稳，但是变量的一阶差分是平稳的，说明变量之间存在协整关系，因此可以建立 VAR 模型并进行协整分析。

表4-1　　　　　　　　SR 的平稳性检验结果

Null Hypothesis：D（LNSR）has a unit root			
Exogenous：Constant			
Lag Length：12（Automatic based on SIC，MAXLAG=12）			
		t-Statistic	Prob. ∗
Augmented Dickey-Fuller test statistic		−3.035 84	0.034 7
Test critical values：	1% level	−3.490 77	
	5% level	−2.887 91	
	10% level	−2.580 91	

表4-2　　　　　　　　SHIBOR 的平稳性检验结果

Null Hypothesis：D（SHIBOR）has a unit root			
Exogenous：None			
Lag Length：1（Automatic based on SIC，MAXLAG=12）			
		t-Statistic	Prob. ∗
Augmented Dickey-Fuller test statistic		−10.727 1	0
Test critical values：	1% level	−2.584 21	
	5% level	−1.943 49	
	10% level	−1.614 97	

表 4-3　　　　　　　　ODR 的平稳性检验结果

Null Hypothesis：D（ODR）has a unit root			
Exogenous：Constant，Linear Trend			
Lag Length：0（Automatic based on SIC，MAXLAG＝12）			
		t-Statistic	Prob. ＊
Augmented Dickey-Fuller test statistic		−6. 193 04	0
Test critical values：	1% level	−4. 035	
	5% level	−3. 447 07	
	10% level	−3. 148 58	

表 4-4　　　　　　　　M2 的平稳性检验结果

Null Hypothesis：D（LNM2）has a unit root			
Exogenous：Constant，Linear Trend			
Lag Length：0（Automatic based on SIC，MAXLAG＝12）			
		t-Statistic	Prob. ＊
Augmented Dickey-Fuller test statistic		−11. 740 4	0
Test critical values：	1% level	−4. 035	
	5% level	−3. 447 07	
	10% level	−3. 148 58	

表 4-5　　　　　　　　GDP 的平稳性检验结果

Null Hypothesis：D（GDP）has a unit root			
Exogenous：Constant			
Lag Length：0（Automatic based on SIC，MAXLAG＝12）			
		t-Statistic	Prob. ＊
Augmented Dickey-Fuller test statistic		−5. 691 6	0
Test critical values：	1% level	−3. 484 65	
	5% level	−2. 885 25	
	10% level	−2. 579 49	

4.4.3 VAR 模型的建立和最优滞后期的选取

建立动态的 VAR 模型进一步检验，并采用极大似然法进行估计。基本模型表述如下：

$$SHIBOR_t = \alpha_0 + \sum_{i=1}^{n} \alpha_{1i}LNM2_{t-i} + \sum_{i=1}^{n} \alpha_{2i}ODR_{t-i} + \sum_{i=1}^{n} \alpha_{3i}GPD_{t-i} +$$
$$\sum_{i=1}^{n} \alpha_{4i}LNSR_{t-i} + \xi_{1t}$$

$$LNM2_t = \beta_0 + \sum_{i=1}^{n} \beta_{1i}SHIBOR_{t-i} + \sum_{i=1}^{n} \beta_{2i}ODR_{t-i} + \sum_{i=1}^{n} \beta_{3i}GPD_{t-i} +$$
$$\sum_{i=1}^{n} \beta_{4i}LNSR_{t-i} + \xi_{2t}$$

$$ODR_t = \theta_0 + \sum_{i=1}^{n} \theta_{1i}LNM2_{t-i} + \sum_{i=1}^{n} \theta_{2i}SHIBOR_{t-i} + \sum_{i=1}^{n} \theta_{3i}GPD_{t-i} +$$
$$\sum_{i=1}^{n} \theta_{4i}LNSR_{t-i} + \xi_{3t}$$

$$GPD_t = \rho_0 + \sum_{i=1}^{n} \rho_{1i}LNM2_{t-i} + \sum_{i=1}^{n} \rho_{2i}ODR_{t-i} + \sum_{i=1}^{n} \rho_{3i}SHIBOR_{t-i} +$$
$$\sum_{i=1}^{n} \rho_{4i}LNSR_{t-i} + \xi_{4t}$$

$$LNSR_t = \lambda_0 + \sum_{i=1}^{n} \lambda_{1i}LNM2_{t-i} + \sum_{i=1}^{n} \lambda_{2i}ODR_{t-i} + \sum_{i=1}^{n} \lambda_{3i}GPD_{t-i} +$$
$$\sum_{i=1}^{n} \lambda_{4i}SHIBOR_{t-i} + \xi_{5t}$$

式中 i 为变量的滞后期数，可由 LR、FPE、AIC、SC、HQ 等信息准则进行判定（见表 4-6）。根据判定结果，本文选取的最优滞后期数为 i=5，此时的 LM 检验显示残差不存在自相关，White 检验表明不存在异方差，J-B 检验表明满足正态分布要求。

表 4-6 　　　　　　　　　最优滞后期的选取

Lag	LogL	LR	FPE	AIC	SC	HQ
0	−225. 765	NA	3. 33E−05	3. 878 41	3. 995 18	3. 925 827
1	762. 717	1 877. 286	3. 09E−12	−12. 314 6	−11. 613 95 *	−12. 030 1
2	820. 209 1	104. 355 5	1. 79E−12	−12. 860 7	−11. 576 2	−12. 339 08 *
3	850. 500 2	52. 436 61	1. 65E−12	−12. 949 6	−11. 081 3	−12. 190 9

表4-6（续）

Lag	LogL	LR	FPE	AIC	SC	HQ
4	872. 533 4	36. 289 93	1. 75E-12	−12. 899 7	−10. 447 6	−11. 904
5	902. 517 5	46. 865 99 *	1. 64e-12 *	−12. 983 49 *	−9. 947 47	−11. 750 7

VAR 模型的检验结果如表 4-7 所示。从变量滞后项的显著性来看被解释变量 SHIBOR，受其自身的滞后 1 期、2 期、5 期的影响较为明显；受 LNM2 的滞后 3 期影响较为明显；受 ODR、GDP、SR 滞后项的影响不明显；而就被解释变量 LNM2 而言，受 SHIBOR 滞后 1 期、4 期影响较为明显；受其自身滞后 1 期、滞后 3 期、滞后 4 期影响较为明显；受 ODR 的滞后项影响并不明显；受 GDP 滞后 3、4、5 期的影响较为明显；受 SR 的滞后 1、3、4、5 期影响比较明显。由此可见：

（1）ODR 对 LNM2 和 SHIBOR 的动态影响在滞后 1 期有一些影响，此后呈下降趋势，说明人口老龄化对货币供应量和银行间同业拆借利率在当前有一些影响，但长期不显著；ODR 对 SR 在滞后 1~3 期影响微弱，对滞后 4 期有一些影响；ODR 对 GDP 在滞后 4 期和 5 期有显著影响，说明人口老龄化的变化对社会消费品零售总额的影响具有较长的间隔性，从而在较长时期对社会总产出造成影响。

（2）LNM2 对 SHIBOR 有影响，说明货币供应量的增减将引起银行间同业拆借利率的变化。同时，货币供应量的变化能引起社会消费品零售总额的变化，进而影响到经济增长。

（3）SHIBOR 对 SR、GDP 影响不明显，说明利率的变化对社会消费品零售总额影响小，进而对经济增长的影响小，我国利率传导机制受阻。

表 4-7　　　　　VAR 模型的计量检验结果

	SHIBOR	LNM2	ODR	GDP	LNSR
SHIBOR （−1）	0. 540 823	−0. 006 57	−0. 000 58	−0. 034 83	−0. 002 32
	[5. 204 91]	[−3. 834 97]	[−0. 189 33]	[−0. 566 11]	[−0. 246 74]
SHIBOR （−2）	−0. 213 95	−0. 001 75	−0. 005 09	0. 040 278	−0. 033 16
	[−1. 757 54]	[−0. 869 96]	[−1. 431 34]	[0. 558 87]	[−3. 017 13]

表4-7（续）

	SHIBOR	LNM2	ODR	GDP	LNSR
SHIBOR（-3）	0.057 603	0.000 591	-0.000 37	-0.027 21	0.020 102
	[0.460 54]	[0.286 32]	[-0.102 36]	[-0.367 48]	[1.780 25]
SHIBOR（-4）	-0.017 28	0.003 256	0.000 168	0.000 89	-0.004 24
	[-0.138 63]	[1.584 26]	[0.046 09]	[0.012 06]	[-0.376 35]
SHIBOR（-5）	0.294 072	-0.000 27	-0.000 13	-0.078 51	0.014 406
	[2.725 93]	[-0.152 35]	[-0.039 87]	[-1.229 18]	[1.479 19]
LNM2（-1）	-6.367 78	0.687 494	-0.328 57	0.104 494	-1.576 82
	[-0.970 19]	[6.352 01]	[-1.713 38]	[0.026 89]	[-2.661 12]
LNM2（-2）	-0.817 48	0.188 918	-0.057 55	4.162 974	-0.425 12
	[-0.105 42]	[1.477 35]	[-0.254 02]	[0.906 77]	[-0.607 25]
LNM2（-3）	12.676 07	0.252 303	0.324 845	-4.663 7	1.996 028
	[1.690 16]	[2.040 05]	[1.482 46]	[-1.050 34]	[2.947 99]
LNM2（-4）	-2.762 51	-0.272 07	-0.022 83	-0.888 81	1.317 62
	[-0.360 94]	[-2.155 64]	[-0.102 10]	[-0.196 15]	[1.906 93]
LNM2（-5）	-1.989 53	0.067 8	0.047 415	1.343 558	-0.731 75
	[-0.311 72]	[0.644 20]	[0.254 27]	[0.355 57]	[-1.269 98]
ODR（-1）	-1.141 41	0.080 312	1.503 997	0.915 285	0.186 76
	[-0.320 14]	[1.365 99]	[14.437 9]	[0.433 62]	[0.580 22]
ODR（-2）	7.483 716	-0.098 99	-0.615 44	1.406 811	-0.212 87
	[1.163 58]	[-0.933 39]	[-3.275 13]	[0.369 46]	[-0.366 62]
ODR（-3）	-7.611 33	0.024 262	0.257 721	0.418 281	-0.174
	[-1.116 87]	[0.215 89]	[1.294 36]	[0.103 67]	[-0.282 82]
ODR（-4）	2.837 766	-0.003 8	-0.182 93	-8.236 32	0.680 127
	[0.433 69]	[-0.035 18]	[-0.956 85]	[-2.126 14]	[1.151 35]
ODR（-5）	-0.072 05	0.014 496	0.051 782	5.556 205	-0.492 84
	[-0.019 80]	[0.241 58]	[0.487 06]	[2.579 11]	[-1.500 22]
GDP（-1）	0.223 155	0.001 37	-0.005 52	1.556 376	-0.007 79
	[1.307 54]	[0.486 72]	[-1.107 47]	[15.403 4]	[-0.505 86]

表4-7(续)

	SHIBOR	LNM2	ODR	GDP	LNSR
GDP (−2)	−0.125 27	−0.006 17	0.007 171	−0.624 88	−0.003 18
	[−0.401 84]	[−1.200 29]	[0.787 37]	[−3.385 86]	[−0.112 93]
GDP (−3)	0.043 769	0.009 419	−0.006 95	−0.076 88	0.025 167
	[0.132 26]	[1.725 93]	[−0.718 89]	[−0.392 37]	[0.842 36]
GDP (−4)	−0.153 75	−0.008 77	0.001 296	0.254 374	−0.039 18
	[−0.493 19]	[−1.705 39]	[0.142 32]	[1.378 24]	[−1.392 04]
GDP (−5)	0.186 083	0.004 705	0.004 659	−0.127 12	0.028 425
	[1.052 68]	[1.614 24]	[0.902 15]	[−1.214 69]	[1.781 18]
LNSR (−1)	1.122 885	0.051 673	0.000 898	0.329 282	0.741 18
	[1.027 46]	[2.867 25]	[0.028 14]	[0.508 92]	[7.512 22]
LNSR (−2)	−1.902 86	−0.032 95	0.059 06	−0.868 64	−0.015 81
	[−1.414 58]	[−1.485 45]	[1.502 71]	[−1.090 73]	[−0.130 17]
LNSR (−3)	−1.201 41	0.069 296	−0.052 34	0.617 321	0.013 948
	[−0.908 36]	[3.177 24]	[−1.354 56]	[0.788 37]	[0.116 82]
LNSR (−4)	1.313 331	−0.064 94	0.034 334	−0.181 52	−0.138 01
	[0.977 44]	[−2.930 93]	[0.874 57]	[−0.228 18]	[−1.137 72]
LNSR (−5)	−1.634 96	0.035 618	−0.010 31	−0.059 13	−0.170 93
	[−1.561 42]	[2.062 81]	[−0.337 02]	[−0.095 38]	[−1.808 24]
C	−6.938 13	0.286 188	0.046 997	0.395 774	−2.205
	[−1.237 11]	[3.094 50]	[0.286 81]	[0.119 20]	[−4.355 01]

注：中括号中为对应T值，下同。

4.4.4 Johansen（约翰逊）协整分析

　　Johansen 和 Juselius 提出基于向量自回归（VAR）系统下用极大似然估计来检验变量协整关系的方法，即 Johansen 协整检验或 JJ 检验，该方法不仅可以避免其他方法可能出现的偏差，而且具有非常好的小样本特性，是一种进行多变量协整检验的常用方法。本节在构建各个变量 VAR 模型的基础上，选取协整检验为滞后 4 期，进一步展开协整分析。在上述设定基础上，进一步根据特征根迹检验

（Trace）（见表4-8）和最大特征值检验（Maximum Eigenvalue）（见表4-9）的结果在5%的显著性水平下，各个变量之间存在一组协整关系。

通过 Johansen 协整分析可以看出，SHIBOR 与 LNM2 之间是显著的长期正向协整关系，SHIBOR 与 ODR、GDP 的关系并不明显（t 检验不显著），SHIBOR 与 LNSR 呈现显著的负向协整关系。

表4-8 迹检验

Unrestricted Cointegration Rank Test （Trace）				
Hypothesized		Trace	0. 05	
No. of CE （s）	Eigenvalue	Statistic	Critical Value	Prob.
None *	0. 356 71	112. 974 9	88. 803 8	0. 000 3
At most 1	0. 208 813	60. 476 89	63. 876 1	0. 093 5
At most 2	0. 135 018	32. 604 57	42. 915 25	0. 356 5
At most 3	0. 076 134	15. 344 03	25. 872 11	0. 546
At most 4	0. 048 536	5. 920 626	12. 517 98	0. 470 4

表4-9 最大特征值检验

Unrestricted Cointegration Rank Test （Maximum Eigenvalue）				
Hypothesized		Max-Eigen	0. 05	
No. of CE （s）	Eigenvalue	Statistic	Critical Value	Prob.
None *	0. 356 71	52. 498 01	38. 331 01	0. 000 7
At most 1	0. 208 813	27.	32. 118 32	0. 151 3
At most 2	0. 135 018	17. 260 55	25. 828 723 132 1	0. 436
At most 3	0. 076 134	9. 423 4	19. 387 04	0. 680 3
At most 4	0. 048 536	5. 920 626	12. 517 98	0. 470 4

$$SHIBOR = 137.984LNM2 + 3.527ODR + 1.604GPD - 221.084LNSR$$

t 值 　　（1.917）　　　　（0.381）　　（1.610）　　（-7.129）

4.4.5 Granger（格兰杰）因果关系检验

在分析了变量的长期关系之后，本节进一步分析变量之间的 Granger 因果关系。该检验实质上是检验一个变量的滞后变量是否可以引入到其他变量方程中，从而使解释程度提高。如果一个变量受到其他变量的滞后影响，那么则称它们具有 Granger 因果关系。由于格兰杰因果检验对于滞后期的选取比较敏感，且目前尚无选取滞后期的有效标准，为比较清晰地反映相关变量之间格兰杰因果关系状况，本文分别检验这些变量滞后 1~12 期的格兰杰因果关系，从中选取与本研究有密切关系的检验结果并予以分析。

Granger 因果关系检验的结果如表 4-10 所示。由表 4-10 可见，SHIBOR 在滞后 1~12 期都成为 LNM2 变动原因；除此之外，各个变量之间的因果关系并不显著。

表 4-10　　　　　　　　格兰杰因果关系检验

	LNM2 不是 SHIBOR 原因	SHIBOR 不是 LNM2 原因	ODR 不是 SHIBOR 原因	SHIBOR 不是 ODR 原因	GDP 不是 SHIBOR 原因	SHIBOR 不是 GDP 原因	LNSR 不是 SHIBOR 原因	SHIBOR 不是 LNSR 原因
1	0.101	0.007	0.064	0.824	0.187	0.003	0.127	0.908
2	0.180	0.002	0.161	0.791	0.423	0.119	0.106	0.909
3	0.244	0.002	0.367	0.808	0.536	0.093	0.188	0.350
4	0.318	0.000	0.367	0.934	0.627	0.108	0.157	0.079
5	0.270	0.001	0.505	0.976	0.537	0.102	0.135	0.100
6	0.469	0.001	0.509	0.995	0.769	0.147	0.068	0.152
7	0.569	0.002	0.630	0.976	0.865	0.255	0.096	0.340
8	0.353	0.001	0.632	0.989	0.927	0.148	0.124	0.372
9	0.419	0.001	0.507	0.965	0.959	0.230	0.168	0.420
10	0.512	0.004	0.387	0.943	0.433	0.294	0.205	0.477
11	0.595	0.005	0.499	0.969	0.226	0.373	0.185	0.506
12	0.594	0.007	0.548	0.969	0.333	0.461	0.217	0.670

4.4.6 小结

通过 2002—2012 年宏观经济数据对我国人口老龄化对货币政策利率传导机制进行实证分析，结果表明：

（1）人口老龄化对货币政策利率传导机制有一定的影响，但效果不显著，不过随着人口老龄化程度的加深，将在较长间隔时期对社会总产出造成显著影响。

（2）中央银行通过制定扩张或者紧缩性货币政策，将引起市场利率的变化，但市场利率的变化不能引起消费的变化，因而对经济发展的影响不明显。

（3）货币供应量的变化直接引起社会消费品零售总额的变化，进而对经济增长造成影响。

通过以上实证分析结果可以看出，我国人口老龄化对宏观经济政策的影响很小，同时我国利率传导机制有一定实效，但不太明显，主要原因分析如下：

4.4.6.1 我国存贷款利率未完全市场化

不管是凯恩斯主义利率理论还是货币主义学派利率传导理论，都是建立在利率市场化基础上的，因此在成熟的市场经济体中利率传导机制是货币政策传导的主渠道。1996—2013 年，我国实行的是金融机构贷款利率上限放开、下限管理，存款利率下限放开、上限管理的管理模式，利率不能成为资源配置的决定性因素，不能完全反映市场资金的供求关系。在利率市场化改革进程中，我国率先放开货币市场利率，造成了金融机构存贷利率与货币市场的市场利率之间的割裂，中央银行通过货币供应量的变化对银行存贷款利率无效，中央银行货币政策工具中公开市场操作手段不能与货币供应量形成有效联动，因此利率的双轨制运行与非完全市场化，降低了货币政策的实施效果。

4.4.6.2 我国利率传导机制的微观基础薄弱

利率传导机制的实效性，不仅取决于中央银行调节利率的方法和对利率的管制，更重要的是企业和居民等微观经济主体对利率的敏感性。如果企业和居民能够通过利率的变化，及时调整具体的投资与消费行为，那么利率机制能迅速传导到实体经济，提高传导效果并有效降低传导时滞。在我国，由于直接融资渠道狭窄，企业主要依靠银行贷款筹措发展资金，银行贷款的利率是受到管制的，因而企业不能通过信贷政策的外部风险溢价来调整投资决策，中央银行的利率政策很难对企业的经营活动造成影响。从居民角度看，由于人口老龄化的影响，社会保障制度的缺陷，投资渠道单一，资本市场风险偏大，我国居民不愿消费与投资，储蓄率居高不下，中央银行的利率变动不能影响居民的资产负债表，调节不了居民的收支，因而居民对利率弹性反应不大。从金融机构来看，我国金融机构的主要利润来源是存贷差，由于存贷款的利率管制并且同方向变动，金融机构的利润不因利率的变动而受到影响，从而影响利率传导的效果。

4.4.6.3 我国利率政策的制定还没有考虑人口老龄化因素

我国改革开放以来，经济一直保持高速增长，2010 年就已成为世界第二大经济体，2012 年人均 GDP 超过 6 000 美元跨入中等收入国家行列，但我国经济属于粗放式增长，产业结构转型缓慢，总体上仍处于"做大"而不是"做强"阶段。在经济发展整体上升阶段，人口老龄化对经济发展的影响不易显性体现，因此在财政政策和货币政策等制定和实施中，人口老龄化因素基本被忽略不计。

5 人口老龄化对货币政策信贷
传导机制的影响

5.1 货币政策信贷传导机制的理论基础和发展脉络

货币政策的信贷传导机制就是指中央银行运用货币政策工具，直接或间接调控金融机构的超额准备金和金融市场的融资条件，进而调控全社会的货币供应量，促使企业和社会公众不断调整自己的经济行为，促进经济增长的过程。

自 20 世纪初传统货币数量论产生以来，西方经济学家在货币政策传导机制的研究中，形成了市场经济体制下货币政策传导的货币渠道，货币渠道成了货币政策传导的主渠道。1951 年美联储 Robert Rosa 博士发表了论文《利率与中央银行》，提出了可供信用理论，认为在研究货币传导渠道过程中，不能仅仅关注利率对储蓄和借款人的影响，由于贷款人对利率弹性更为敏感，因此还要研究利率变动对贷款人的影响，当中央银行调节利率时，贷款人对其资产进行相应调节，以保持资产的安全性和收益性，在流动性充足的条件下，根据借款人的贷款要素进行信贷配给。这样，货币政策在传导中模糊了利率因素，利率不能充分反映借贷资金的价格。1959 年英国货币体系运行委员会发布了世界货币史上著名的《拉德克利夫报告》，报告肯定了利率变动对贷款人的流动性效应，中央银行可以避免在利率大幅波动的背景下，通过买卖政府债券、调节利率结构等措施来影响可供信用。

20 世纪 70 年代末 80 年代初以来，信息经济学的迅速发展为信贷渠道理论提供了新的理论支撑。传统的利率传导机制，不能从程度、时间和结构上解释货币政策变动对经济产生的影响，因此许多经济学家运用信贷市场的信息不对称和其他原因来解释这种影响。Gertler 和 Gilchrist（1993）经过研究发现，企业的外部融资成本与内部融资成本之间基于信息不对称形成了差距，这个差距就是外部融资风险溢价。企业的外部融资风险溢价主要包括贷款人对借款人的借款条件进行评估、信息收集和信贷监管而形成的成本，还包括借贷双方在借贷过程中发生的道德风险以及因道德风险的存在而增加的对贷款协议的约束性条款，从而对借款人形成额外制约所增加的成本和负担。

Bernanke 和 Gertler（1995）认为，在信贷传导机制下，货币政策影响外部融资风险溢价的大小，而企业外部融资风险溢价的大小不仅可以用以解释货币政策变动对经济产生影响的程度和范围、时间和结构，还可以反映信贷市场的需求状况以及信贷市场的缺陷程度。信贷市场的缺陷，不仅体现出借贷双方的博弈过程，更是借款人承担的融资成本与贷款人的预期收益之间差距的主要原因。根据信贷渠道理论，货币政策传导机制的变动与企业外部融资风险溢价正相关，正是存在这种同方向变动关系，使货币政策对企业的融资成本以及投资支出的冲击得到进一步提升，这就是货币政策通过信贷途径传导到实体经济的理论基础和逻辑演绎。

5.2　信贷渠道传导货币政策的途径分析

凯恩斯将可以贮藏财富的资产分为货币和债券，假定货币资产收益率为零，其他非货币资产都统归为债券，而在现实经济中，银行资产负债表的资产方在货币政策的作用下将对社会总需求和总产出产生重要影响，因此，信贷渠道理论将资产分为货币、债券和银行贷款三类。根据 Bernanke 和 Gertler（1995）的研究，货币政策信贷传导渠道主要有银行贷款渠道和资产负债表渠道。

5.2.1 银行贷款渠道

银行贷款渠道就是中央银行通过实施货币政策工具影响商业银行的信贷规模和贷款结构，进而影响企业和个人的投资行为，最终影响社会总需求与总供给的路径和过程。Kashyap、Stein 和 Wilcox（1993）通过实证研究证明了货币政策通过银行信贷渠道传导的有效性，并进一步提出了银行信贷渠道发挥作用的两个基本前提，一是银行资产负债表的资产方，银行贷款与证券资产不能完全相互替代，也不能进行相互转移，否则商业银行在紧缩性货币政策条件下，可以通过出售所持有的证券资产来增加流动性，从而缓解银行因流动性不足而对资金头寸的限制，起不到紧缩性货币政策对银行信贷规模进行调控的作用。二是企业资产负债表的负债方，企业的银行贷款资金与其他非银行资金来源之间不能完全相互替代，也不能进行相互转移，否则企业在紧缩性货币政策条件下可以从银行系统以外获得资金支持，银行贷款规模的下降不能引起企业改变经营活动和经营条件，货币紧缩政策对企业失去效力。Bernanke 和 Blinder（1992）研究发现，在信息不对称条件下，银行贷款具有特殊地位，在具备银行贷款渠道两个前提条件下，银行具有的信息优势使他们可以向借款人提供资金需求，而借款人在良好收益预期下也能够接受外部融资风险溢价，成为"银行依赖者"。可以看出，货币政策传导到实体经济的路径除了利率渠道外，还可以通过银行贷款的增减变化对企业和个人的经济活动产生影响。中央银行如何通过银行贷款渠道对经济运行产生影响，Bernanke 和 Blinder（1988）将贷款供求函数引入经典的 IS-LM 曲线，用商品—信贷市场的 CC 曲线取代 IS 曲线，构建了含有利率渠道和信贷渠道的 CC-LM 模型（见图 5-1）。

图 5-1 中，CC 表示商品和信贷市场曲线，LM 表示货币市场均衡曲线，货币政策的变动将引起 CC 曲线和 LM 曲线的同方向变动。在紧缩性货币政策条件下，货币供应量减少，LM 曲线左移（LM→LM$_1$），导致利率升高（i_0→i_1），产出下降（Y_0→Y_1）；另一方面，货币供应量减少，CC 曲线相应左移（CC→CC$_1$），产出降低（Y_1→

Y_2）。这样，紧缩性货币政策条件下货币政策的银行贷款传导渠道表示为：货币供应量 M↓→银行贷款 D↓→投资 I↓→总产出 Y↓→GDP↓。

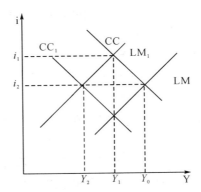

图 5-1　紧缩性货币政策 CC-LM 模型

5.2.2　资产负债表渠道

资产负债表渠道就是中央银行通过货币政策的实施影响借款人自身的财务状况，从而影响银行对借款人的贷款规模和贷款结构变动，并影响到借款人的生产经营活动的过程。Bernanke 和 Gertler（1995）在研究中发现，借款人的财务状况决定其外部融资风险溢价，这也是资产负债表渠道发挥作用的理论假设前提。如果借款人的财务状况良好，其资产净值越大，那么他的外部融资风险溢价就越低。银行信贷要遵循安全性、流动性和盈利性三原则，在盈利性相同的条件下，银行将优先考虑企业的偿债能力，借款人资产净值越大，就表明偿债能力越强，其外部融资风险溢价就越低，因此企业资产净值的变动将通过银行信贷影响其投资活动，产生"金融加速器"效应。Bernanke 和 Gertler 认为，资产负债表渠道发生作用就是因为货币政策能够直接或间接影响借款人的财务状况，在紧缩性货币政策条件下，货币供应量减少，利率上升，银行信贷成本增加，借款人的外部融资风险溢价升高，借款人未到期的短期债务或浮动利率债务的利息将增加，借款人要减少净现金流量，影响借款人的经营活动，促使财务状况恶化；同时，由于利率上升，导致资本市场上资产价格下降，借款人的抵押资产价值下降，将进一步影响借款人的筹资能力，从而影响借款人的投资活动。因此，企业资产负债表的变化，将会影响企业的外部融资能力，进而影响企业的生产经营活动。这样，紧缩性货币政策条件下货币政策的资产负债表传导渠道表示为：货币供应量 M↓→利率 i↑→借款人资产净值↓→借款人外部融资风险溢价↑→银行贷款 D↓→投资 I↓→总产出 Y↓→GDP↓。

5.3　人口老龄化对我国货币政策信贷传导渠道的影响机制

在成熟发达的市场经济体下，由于金融市场的高度发达，信贷传导渠道在货币政策传导机制中处于辅助地位，货币政策主要不是通过信贷渠道传导至实体经济。由于信贷渠道作用发挥的假设前提条件限制，以及金融创新和衍生金融工具的飞速发展，信贷传导渠道在理论研究方面还存在争议，加之 2008 年世界金融危机后各国实施的宏观审慎监管模式，信贷渠道的作用空间已经越来越狭窄。与我国不同的是，由于历史因素和市场经济发展的原因，以及利率、汇率和资产价格的市场化形成机制制约，信贷渠道成为我国货币政策传导机制的核心和主体，在我国经济发展中扮演着非常重要的角色。当前，在我国人口老龄化背景下，货币政策信贷传导渠道的影响因素是否会因此而有所不同，人口老龄化对信贷传导渠道的作用机理能否带来变化和影响，成为我们需要研究的问题。

5.3.1　信贷渠道传导理论在我国的实践

在我国，货币政策传导机制是 1984 年中国人民银行履行中央银行职能后才开始逐步建立并发展和完善的，在资本市场尚未建立，利率汇率高度管制毫无弹性的背景下，中央银行主要是通过信贷渠道实施货币政策的传导。1994—1997 年，随着我国中央银行宏观调控能力的增强，金融市场的建立和发展，工农中建四大银行实施专业化改革，其他商业银行的批准设立，中央银行的金融调控开始由直接目标向间接目标过渡，并逐步弱化对商业银行的信贷规模控制。虽然货币政策传导渠道开始多元，但信贷渠道依然一枝独秀。1998年开始，亚洲金融危机的深刻教训以及中国金融改革的深化，中央银行开始转变职能，逐步实施以间接调控为主的货币政策，不仅通过控制信贷结构和信贷规模，还通过公开市场操作、再贴现、存款准备金和利率等措施进行间接调控，并开始了"窗口指导"和"道义劝告"手段。2003年以来，我国间接调控货币政策传导机制初步建立并不断完善，国内经济持续高速增长，投资需求旺盛，成为拉动经济增长"三驾马车"的核心和中间力量。由于直接融资渠道狭窄，规模偏小，更多的资金需求只能通过银行贷款渠道解决，为防止经济过热和治理通货膨胀，中央银行在2008年初和2009年7月先后实施贷款限额控制，抑制商业银行过快的信贷增长规模。美国次贷危机前，尽管我国货币政策的货币传导机制还不成熟和完善，但信贷传导机制在货币政策传导体系中已呈逐渐弱化的趋势。随着次贷危机引发全球金融危机，各国中央银行意识到货币传导渠道的缺陷和时滞，并加强对虚拟经济和金融衍生品的监管和引导，信贷渠道有止跌回升趋势，成为中央银行货币政策传导的主要机制。

当前，由于我国利率和汇率政策还没有完全市场化，造成货币政策的利率和汇率传导渠道不畅，同时资本市场规模偏小，企业直接融资难度大，因此企业对银行资金的依存度很高，加之影子银行体系和地下金融委托代理成本过高，使得企业通过银行贷款的外部融资风险溢价相对较低，因此我国信贷渠道理所当然成为今后相当长一段时期货币政策传导渠道的主渠道。

5.3.2　目前我国信贷传导渠道存在的问题

在发达典型的市场经济体中，中央银行主要通过货币渠道间接调控商业银行和实体经济，充当着"看不见的手"的角色。但在我国，信贷传导渠道在货币政策传导机制中的强势地位（见图5-2），既有历史的原因，也有现实的基础，既有计划经济遗留的惯性思维，也有市场经济不发达的无奈选择，因此，需要从中央银行、商业银

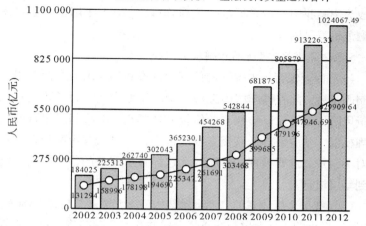

图 5-2 2002—2012 年金融机构贷款和资金运用

资料来源：中国人民银行网站，相关年度金融机构人民币信贷收支表，http：//www. pbc. gov. cn/publish/diaochatongjisi/4179/index. html。

行和企业与个人三个维度找原因。

5.3.2.1 中央银行直接调控信贷规模导致效益漏损

中央银行刚性调控信贷规模，对产出变量和通货膨胀率的影响是显著的，但信贷规模与政府投资和国有大中型企业投资的关联度较高，对市民生活和小微企业投资影响不大，这种信贷的倾向性不利于产业的转换升级和经济结构的转型发展。中央银行直接干预信贷规模，影响了商业银行自主经营、自负盈亏的经营模式和决策市场化、利润最大化的目标管理模式，因为中央银行限定了信贷规模，商业银行不能根据其利率成本和市场风险预期调节信贷结构和贷款规模，在通货紧缩以及经济下行时期容易产生不良资产。中央银行直接干预信贷规模是造成中小企业融资难的诱因。由于中小企业风险度偏大，国家对银行风险的宽容度不高，同样的贷款业务，中小企业贷款边际收益较低。在经济下行时期，中小企业抵御市场风险能力较弱，商业银行出于安全性原则不愿意给中小企业贷款；在经济上行时期，中小企业贷款规模小，成本高，不如向大中型企业放款具有规模效应，因此商业银行不愿意对中小企业多投放信贷资金。

大量的中小企业贷不到款，促成了影子银行体系的发展与壮大，可能成为影响我国经济发展的"定时炸弹"，2011 年爆发的温州民间金融危机就是明证。

5.3.2.2 商业银行的体制机制阻梗

（1）商业银行集中统一的信贷管理模式。我国国有商业银行股份制改革后，随着国际国内经济金融环境的变化，为了防范和化解信贷风险，纷纷采取集权式的信贷管理模式，上收基层银行的信贷管理权限，基层银行运营资金权限很小，一般只有新增贷款推荐权和对小额贷款进行展期的审批权，这样货币政策的信贷渠道不能传导到基层银行。

（2）我国金融体系的二元金融结构。二元金融结构是 Hyla Myint（1964）提出的正规金融与非正规金融并存的金融结构体系。正规金融机构是指以现代化管理方式经营的大银行与非银行金融机构，非正规金融是指以传统方式经营的钱庄、高利贷和典当行之类的小金融机构等。二元金融结构的存在，使中央银行的信贷渠道不能传导到非正规金融覆盖的区域，在一些偏远山区或者不发达地区，非正规金融活动面很广，制约了信贷渠道的传导范围。

（3）商业银行内部的机构设置和结构调整。四大国有商业银行专业化改造结束后，按照经济效益原则合并撤销了一大批基层网点，广大农村和欠发达区域仅存信用社等稀少机构和少量的网点，农业贷款和小额贷款等基本上得不到正规金融机构的支持，形成信贷渠道的结构性矛盾。

（4）商业银行信贷资源的非均衡配置。目前我国商业银行利润的主要来源是利差收入，因此商业银行为了追求利润最大化，必然扩大贷款规模，降低贷款成本，实施"抓大放小"的经营模式，信贷资源配置到"大城市、大企业、大项目"中，造成中小企业和农村贷款难。

5.3.2.3 企业和社会公众金融意识淡薄

市场经济应该是信用经济，诚信是市场经济的灵魂。信用是以偿还付息为条件的价值运动的特殊形式，是长时间积累的信任和诚信度。在我国市场经济逐步建立和完善的历史阶段，一些企业没有建立起基本的法人治理结构，内部控制混乱，企业的经营水平和盈利能力低下，金融部门采集不到企业的财务信息，达不到正规金融贷款必备的条件，银行贷款风险度极高，直接影响了信贷资金的投放。我国社会公众金融意识整体淡薄，金融知识缺乏，只要不涉及个人的核心利益，不会主动关心国家宏观经济金融状况，以及微观的金融政策调整，加之社会上个别极端案例影响和个人信用制度不健全，降低了个人的诚信，导致商业银行的消费信贷"惜贷"。因此企业和社会公众金融意识淡薄损害了整个社会的信用环境，增加了银行的信贷风险，影响了银行对中小企业和社会公众的信贷投放力度和速度，制约了信贷渠道传导的有效性。

5.3.3 人口老龄化对信贷传导渠道的影响机制

John Lee 2013 年在美国杂志"The National Interest" 1~2 月号发表了"Pitfalls of an Aging China"一文，指出中国银行业资本效率下滑的原因，不仅是因为银行不良贷款的持续积累，还体现在中国日益严重的人口老龄化，人口红利的消失导致支撑国家建设和实体经济的原以为连绵不断的农村剩余廉价劳动力将逐步减少。因此人口老龄化不仅表现出劳动适龄人口的相对减少，更可能对银行信贷造成影响。胡洁（2009）按照行为主体的不同，将银行信贷渠道的传导过程划分为中央银行主导阶段、商业银行主导阶段以及企业主导阶段。人口老龄化对中央银行主导阶段的影响，主要是通过对公共财政的压力促使中央银行增加货币供应量。Ralph C. Bryant 和 Delia Velculescu（2002）认为，在没有考虑生育率下降对子女抚养费和青年人影响的情况下，社会公众对人口老龄化影响养老保险和政府预算的关注，很容易导致对社会人口结构变动的净经济效应作出的推论。Adema 和 Ladaique（2011）研究认为如果人口结构按照预测的方向持续快速老龄化，将给财政带来难以为继的巨大压力。韩玲慧（2013）运用数据详细阐释了人口老龄化给发达国家的社会保障事业带来的巨大压力，政府支出中用于社会保障和医疗保险的比例越来越快地上升，同时财政赤字和政府债务也在不断攀升。付伯颖（2008）认为在其他条件不变的情况下，人口老龄化将在支出、收入和收支关系等方面对公共财政带来极大冲击。因而基于对我国财政政策的理解，John Lee（2013）认为，随着中国人口老龄化持续深入，目前主要是增加国家硬实力而投入的资源，将逐渐转向以改善民生为导向的资源的重新配置。

因此，人口老龄化对中央银行主导的信贷传导渠道从理论上分析，可以表示为：人口老龄化→公共财政支出↑→货币供应量 M↑→通货膨胀↑→总产出变动。

在商业银行主导阶段，人口老龄化将导致产业结构的调整，尽管鲁志国（2001）分析了人口老龄化对我国产业结构调整的不利影响，但钟若愚（2005）认为人口老龄化将促使老龄市场的形成和老年产业的发展，推动现有产业结构的长期调整。老龄产业作为朝阳产业的兴起确实是近年来不争的事实，因此，人口老龄化将影响商业银行在相关产业的贷款投向选择和贷款规模支持。另一方面，人口老龄化影响商业银行的消费贷款，我国个人消费信贷主要集中于住房信贷，住房贷款期限长、利率变化大、不可控因素较多，因此随着人口老龄化导致家庭结构、抚养关系等的变化，将对商业银行的信贷活动造成影响。

5.4 人口老龄化对我国货币政策的信贷传导影响的实证分析

5.4.1 变量选择

人口老龄化对我国货币政策信贷传导机制的影响，主要是通过中央银行和商业银行两个传导主体直接或者间接作用于实体经济，影响社会总产出和社会公众的投资消费选择，因此，在分析人口老龄化对货币政策信贷传导机制的影响时，需要研究的变量应该包括人口老龄化、财政赤字、货币供应量、通货膨胀和银行贷款。

人口老龄化的老年抚养比（ODR）、货币供应量 M2 等指标在第四章已作介绍。财政赤字指标，就是指财政支出大于财政收入而形成的差额，它反映着一国政府的收支状况，反映财政赤字的指标有财政赤字额、财政赤字率（即财政赤字占 GDP 的比重）、债务依存度（即国债余额占 GDP 的比重）等，为便于研究，选取财政赤字额（CZ）作为变量指标。银行贷款指标，反映银行贷款的指标很多，研究中选择较为综合的金融机构贷款总额作为变量，通货膨胀指标选取 CPI 作为变量。

从数据来源来看，金融机构贷款总额的数据来源于中国人民银行网站，CPI 数据来源于国家统计局网站，所有数据均为 2002 年 1 月至 2012 年 12 月的月度数据。

5.4.2 数据处理与检验

在本节的计量检验中，重点分析贷款总量（LOAN）、货币供应量（LNM2）、老年抚养比（ODR）、居民消费价格指数（CPI）和财政赤字（CZ）之间的关系。在模型构建之前，首先要检验各个变量的平稳性，检验结果如表 5-1～表 5-3 所示。从检验结果可以看出，各个变量都是水平不平稳，但是一阶差分是平稳的，因此可以建立 VAR 模型并进行协整分析。

货币供应量（LNM2）、老年抚养比（ODR）的平稳性检验已在第四章进行。

表 5-1　　　　　　　　　**CPI 的平稳性检验结果**

Null Hypothesis：D（CPI）has a unit root			
Exogenous：Constant			
Lag Length：11（Automatic based on SIC，MAXLAG＝12）			
		t-Statistic	Prob. ＊
Augmented Dickey-Fuller test statistic		-4.797 53	0.000 1
Test critical values：	1% level	-3.490 21	
	5% level	-2.887 67	
	10% level	-2.580 78	

表 5-2　　　　　　　　　　CZ 的平稳性检验结果

		t-Statistic	Prob. *
Null Hypothesis：D（CZ）has a unit root			
Exogenous：Constant			
Lag Length：11（Automatic based on SIC，MAXLAG=12）			
		t-Statistic	Prob. *
Augmented Dickey-Fuller test statistic		-5. 636 25	0
Test critical values：	1% level	-3. 490 21	
	5% level	-2. 887 67	
	10% level	-2. 580 78	

表 5-3　　　　　　　　　　LOAN 的平稳性检验结果

		t-Statistic	Prob. *
Null Hypothesis：D（LOAN）has a unit root			
Exogenous：Constant，Linear Trend			
Lag Length：0（Automatic based on SIC，MAXLAG=12）			
		t-Statistic	Prob. *
Augmented Dickey-Fuller test tatistic		-7. 893 43	0
Test critical values：	1% level	-4. 035	
	5% level	-3. 447 07	
	10% level	-3. 148 58	

5. 4. 3　VAR 模型构建和最优滞后期的选取

本文建立动态的 VAR 模型进一步检验，并采用极大似然法进行估计。基本模型表述如下：

$$LOAN_t = \alpha_0 + \sum_{i=1}^{n} \alpha_{1i}LNM2_{t-i} + \sum_{i=1}^{n} \alpha_{2i}ODR_{t-i} + \sum_{i=1}^{n} \alpha_{3i}CPI_{t-i} +$$

$$\sum_{i=1}^{n} \alpha_{4i}CZ_{t-i} + \xi_{1t}$$

$$LNM2_t = \beta_0 + \sum_{i=1}^{n} \beta_{1i}LOAN_{t-i} + \sum_{i=1}^{n} \beta_{2i}ODR_{t-i} + \sum_{i=1}^{n} \beta_{3i}CPI_{t-i} +$$

$$\sum_{i=1}^{n} \beta_{4i} CZ_{t-i} + \xi_{2t}$$

$$ODR_t = \theta_0 + \sum_{i=1}^{n} \theta_{1i} LNM2_{t-i} + \sum_{i=1}^{n} \theta_{2i} LOAN_{t-i} + \sum_{i=1}^{n} \theta_{3i} CPI_{t-i} +$$

$$\sum_{i=1}^{n} \theta_{4i} CZ_{t-i} + \xi_{3t}$$

$$CPI_t = \rho_0 + \sum_{i=1}^{n} \rho_{1i} LNM2_{t-i} + \sum_{i=1}^{n} \rho_{2i} ODR_{t-i} + \sum_{i=1}^{n} \rho_{3i} LOAN_{t-i} +$$

$$\sum_{i=1}^{n} \rho_{4i} CZ_{t-i} + \xi_{4t}$$

$$CZ_t = \lambda_0 + \sum_{i=1}^{n} \lambda_{1i} LNM2_{t-i} + \sum_{i=1}^{n} \lambda_{2i} ODR_{t-i} + \sum_{i=1}^{n} \lambda_{3i} CPI_{t-i} +$$

$$\sum_{i=1}^{n} \lambda_{4i} LOAN_{t-i} + \xi_{5t}$$

式中 i 为变量的滞后期数，可由 LR、FPE、AIC、SC、HQ 等信息准则进行判定（见表5-4）。根据判定结果，本文选取的最优滞后期数为 i=5，此时的 LM 检验显示残差不存在自相关，J-B 检验表明满足正态分布要求，White 检验表明不存在异方差。

表5-4　　　　　　　　　　最优滞后期的选取

Lag	LogL	LR	FPE	AIC	SC	HQ
0	−2 646.239	NA	1.55E+13	44.558 64	44.675 41	44.606 05
1	−1 520.488	2 137.98	142 867.1	26.058 63	26.759 25 *	26.343 13
2	−1 477.203	78.567 47	105 301.2	25.751 32	27.035 79	26.272 90 *
3	−1 452.305	43.100 89	106 068.2	25.753 03	27.621 35	26.511 7
4	−1 425.282	44.508 92	103 601.9	25.719 03	28.171 2	26.714 78
5	−1 392.055	51.934 43 *	91 782.12 *	25.580 76 *	28.616 78	26.813 59

VAR 模型的检验结果如表5-5所示。从变量滞后项的显著性来看，就被解释变量 LOAN 而言，受其自身的滞后1期、3期、4期、5期的影响较为明显；受 M2 的滞后1期影响较为明显；受 ODR、CPI 的滞后1、2期影响较为明显；受 CZ 滞后1、4、5期影响较为明显；就被解释变量 M2 而言，受 LOAN 滞后1期、5期影响较为明显；受其自身滞后1期、滞后5期影响较为明显；受 ODR 的滞后1、2期

影响较为明显；受 CPI 滞后 1 期的影响较为明显；受 CZ 的滞后 4 期影响比较明显。

由此可见：

（1）ODR 对 M2、LOAN 和 CZ 的动态影响在滞后 1 期和滞后 2 期最为显著，说明人口老龄化对货币供应量、贷款总量和财政赤字有影响。

（2）LOAN 的变化对 M2、CZ、CPI 等都具有较强的动态影响，说明我国货币政策信贷传导渠道是非常有效的。

表 5-5 VAR 模型的计量检验结果

	LOAN	M2	ODR	CPI	CZ
LOAN（-1）	1. 036 232	3. 95E-07	3. 42E-07	-2. 64E-05	-0. 115 182
	[8. 132 74]	[0. 755 40]	[0. 407 49]	[-0. 687 20]	[-1. 790 76]
LOAN（-2）	-0. 173 239	-7. 16E-07	-9. 06E-07	2. 82E-06	-0. 142 829
	[-0. 998 60]	[-1. 005 34]	[-0. 792 53]	[0. 053 82]	[-1. 630 93]
LOAN（-3）	0. 334 647	1. 12E-06	8. 21E-07	4. 16E-05	0. 273 549
	[1. 913 50]	[1. 560 11]	[0. 712 62]	[0. 789 06]	[3. 098 49]
LOAN（-4）	-0. 467 137	-1. 12E-06	-1. 36E-06	-4. 81E-05	-0. 031 885
	[-2. 575 77]	[-1. 498 25]	[-1. 138 06]	[-0. 879 00]	[-0. 348 28]
LOAN（-5）	0. 250 852	1. 93E-07	1. 26E-06	3. 72E-05	0. 004 569
	[2. 091 46]	[0. 391 36]	[1. 588 49]	[1. 029 90]	[0. 075 46]
M2（-1）	66 824. 03	0. 824 659	-0. 061 456	5. 209 478	38 463. 12
	[2. 123 11]	[6. 379 70]	[-0. 296 33]	[0. 548 90]	[2. 420 79]
M2（-2）	203. 019 4	0. 160 265	-0. 022 721	-0. 764 622	37 579. 78
	[0. 005 21]	[1. 002 23]	[-0. 088 56]	[-0. 065 13]	[1. 911 92]
M2（-3）	-48 917. 14	-0. 060 672	0. 097 06	2. 208 32	-53 203. 61
	[-1. 263 67]	[-0. 381 63]	[0. 380 52]	[0. 189 19]	[-2. 722 62]
M2（-4）	-13 998. 83	-0. 183 04	0. 130 772	-1. 020 082	52 657. 12
	[-0. 348 58]	[-1. 109 78]	[0. 494 18]	[-0. 084 24]	[2. 597 38]
M2（-5）	-2 801. 216	0. 267 34	-0. 129 005	-5. 942 167	-72 037. 6
	[-0. 087 59]	[2. 035 55]	[-0. 612 22]	[-0. 616 22]	[-4. 462 34]

表5-5（续）

	LOAN	M2	ODR	CPI	CZ
ODR（-1）	32 759. 93	0. 114.408	1. 504 271	-4. 616 016	17 447. 01
	[2. 112 72]	[1. 796 55]	[14. 722 8]	[-0. 987 25]	[2. 228 91]
ODR（-2）	-62 464. 51	-0. 193 239	-0. 656 551	3. 842 642	-25 668. 74
	[-2. 205 80]	[-1. 661 55]	[-3. 518 59]	[0. 450 01]	[-1. 795 60]
ODR（-3）	41 592. 22	0. 103 954	0. 306 919	2. 786 018	9 055. 38
	[1. 343 05]	[0. 817 35]	[1. 504 08]	[0. 298 35]	[0. 579 24]
ODR（-4）	-10 597. 5	0. 011 375	-0. 255 074	-6. 751 196	-6 178. 703
	[-0. 353 23]	[0. 092 32]	[-1. 290 31]	[-0. 746 28]	[-0. 407 97]
ODR（-5）	4 900. 195	-0. 018 853	0. 070 832	3. 854 491	6 125. 102
	[0. 292 52]	[-0. 274 04]	[0. 641 72]	[0. 763 09]	[0. 724 33]
CPI（-1）	-873. 355 8	-0. 003 467	0. 000 9	1. 004 355	154. 661 3
	[-2. 558 29]	[-2. 473 13]	[0. 400 24]	[9. 756 78]	[0. 897 46]
CPI（-2）	811. 975 8	0. 002 674	-0. 001 066	0. 023 749	-71. 477 02
	[1. 670 66]	[1. 339 76]	[-0. 332 95]	[0. 162 05]	[-0. 291 33]
CPI（-3）	-48. 999 69	6. 85E-05	-0. 002 548	0. 050 996	107. 064 3
	[-0. 097 44]	[0. 033 17]	[-0. 769 11]	[0. 336 31]	[0. 421 76]
CPI（-4）	-686. 351 2	-0. 000 145	0. 000 437	-0. 115 313	82. 301 75
	[-1. 391 04]	[-0. 071 75]	[0. 134 31]	[-0. 775 05]	[0. 330 43]
CPI（-5）	508. 598 6	-5. 36E-05	0. 001 941	-0. 065 837	-224. 324 2
	[1. 483 38]	[-0. 038 06]	[0. 859 20]	[-0. 636 81]	[-1. 296 06]
CZ（-1）	0. 507 014	7. 87E-07	-4. 44E-07	7. 09E-05	0. 143 253
	[2. 801 34]	[1. 058 96]	[-0. 372 07]	[1. 298 61]	[1. 567 92]
CZ（-2）	-0. 155 379	7. 08E-08	-8. 59E-07	-6. 53E-06	-0. 272 795
	[-0. 909 05]	[0. 100 91]	[-0. 762 55]	[-0. 126 73]	[-3. 161 60]
CZ（-3）	0. 264 755	-5. 15E-07	-1. 20E-06	7. 23E-05	0. 265 644
	[1. 557 04]	[-0. 737 10]	[-1. 075 23]	[1. 409 35]	[3. 094 78]
CZ（-4）	-0. 404 468	-2. 16E-06	9. 29E-07	-9. 16E-06	-0. 381 172
	[-2. 290 37]	[-2. 974 18]	[0. 798 22]	[-0. 171 93]	[-4. 275 78]

表5-5（续）

	LOAN	M2	ODR	CPI	CZ
CZ（-5）	0.435 243	9.81E-07	1.11E-08	8.89E-05	-0.023 981
	［2.190 99］	［1.202 60］	［0.008 47］	［1.483 66］	［-0.239 14］
C	-50 155.17	-0.161 816	0.155 717	22.436 77	-55 765.72
	［-1.237 80］	［-0.972 40］	［0.583 23］	［1.836 35］	［-2.726 32］

5.4.4 Johansen（约翰逊）协整检验

本节在构建各个变量 VAR 模型的基础上，选取协整检验为滞后4期，进一步展开协整分析。在上述设定基础上，进一步根据特征根迹检验（trace）和最大特征值检验（Maximum Eigenvalue）的结果（见表5-6、表5-7）在5%的显著性水平下，各个变量之间存在一组协整关系。

通过 Johansen 协整分析可以看出，LOAN 与 M2 之间是显著的长期正向协整关系，LOAN 与 ODR、CPI 的关系并不明显（t 检验不显著），LOAN 与 CZ 呈现显著的负向协整关系。

表5-6　　　　　　　　迹检验结果

Unrestricted Cointegration Rank Test（Trace）				
Hypothesized		Trace	0.05	
No. of CE（s）	Eigenvalue	Statistic	Critical Value	Prob
None *	0.373 681	119.974 3	69.818 89	0
At most 1 *	0.302 423	64.294 83	47.856 13	0.000 7
At most 2	0.107 966	21.437 85	29.797 07	0.330 9
At most 3	0.059 595	7.842 023	15.494 71	0.482 4
At most 4	0.004 444	0.530 052	3.841 466	0.466 6

表 5-7　　　　　　　　　　　　特征值检验结果

Unrestricted Cointegration Rank Test (Maximum Eigenvalue)				
Hypothesized		Max-Eigen	0.05	
No. of CE (s)	Eigenvalue	Statistic	Critical Value	Prob
None ∗	0.373 681	55.679 51	33.876 87	0
At most 1 ∗	0.302 423	42.856 98	27.584 34	0.000 3
At most 2	0.107 966	13.595 83	21.131 62	0.399 1
At most 3	0.059 595	7.311 97	14.264 6	0.452 9
At most 4	0.004 444	0.530 052	3.841 466	0.466 6

$$LOAN = 615002LNM2 + 95\ 457.16ODR + 8\ 546.30CPI - 187.96CZ$$

t 值　　（2.968）　　　　（0.572）　　　　　（0.749）　　　　（4.561）

5.4.5 Granger（格兰杰）因果关系检验

在分析了变量的长期关系之后，本节进一步分析变量之间的 Granger 因果关系。为比较清晰地反映相关变量之间格兰杰因果关系状况，本文分别检验这些变量滞后 1~12 期的格兰杰因果关系，从中选取与本研究有密切关系的检验结果并予以分析。

Granger 因果关系检验的结果如表 5-8 所示。由此可见，ODR 在滞后 1~4 期都成为 LOAN 变动原因；CPI 在滞后 1~12 期都成为 LOAN 变动原因；LNM2 在滞后 4 期成为 LOAN 的变动原因；CZ 在滞后 4~12 期都成为 LOAN 变动原因；除此之外，各个变量之间的因果关系并不显著。

表 5-8　　　　　　　格兰杰因果关系检验结果

	LOAN 不是 CZ 原因	CZ 不是 LOAN 原因	CPI 不是 LOAN 原因	LOAN 不是 CPI 原因	LOAN 不是 ODR 原因	ODR 不是 LOAN 原因	LOAN 不是 LNM2 原因	LNM2 不是 LOAN 原因
1	0.243	0.151	0.001	0.725	0.363	0.015	0.516	0.127
2	0.219	0.634	0.003	0.454	0.157	0.033	0.595	0.308
3	0.262	0.806	0.013	0.754	0.215	0.031	0.790	0.119

表5-8(续)

	LOAN 不是 CZ 原因	CZ 不是 LOAN 原因	CPI 不是 LOAN 原因	LOAN 不是 CPI 原因	LOAN 不是 ODR 原因	ODR 不是 LOAN 原因	LOAN 不是 LNM2 原因	LNM2 不是 LOAN 原因
4	0.342	0.010	0.033	0.747	0.267	0.031	0.940	0.009
5	0.079	0.010	0.010	0.710	0.278	0.070	0.903	0.061
6	0.028	0.006	0.024	0.852	0.096	0.052	0.889	0.060
7	0.042	0.019	0.036	0.899	0.126	0.128	0.842	0.087
8	0.129	0.011	0.032	0.860	0.168	0.198	0.821	0.103
9	0.458	0.024	0.038	0.916	0.299	0.287	0.304	0.083
10	0.304	0.045	0.055	0.892	0.376	0.336	0.603	0.129
11	0.054	0.007	0.055	0.953	0.391	0.431	0.288	0.158
12	0.005	0.011	0.080	0.911	0.503	0.504	0.133	0.093

5.4.6 小结

通过 2002—2012 年月度宏观经济数据对我国人口老龄化对货币政策信贷传导机制进行实证分析,结果表明:

(1) 人口老龄化对货币政策信贷传导机制有效,说明人口老龄化对我国信贷政策的制定和实施有一定的影响,并通过信贷渠道传导到实体经济。

(2) 贷款总额对各变量的解释能力明显强于利率,金融机构的贷款活动对我国投资、消费以及总产出有很强的解释能力,说明我国货币政策信贷传导机制是货币政策传导的主渠道。

通过实证分析可以看出,人口老龄化通过信贷渠道对实体经济形成影响,主要原因如下:

我国进入老龄化社会以来,中央银行通过"窗口指导""道义劝告"等,引导商业银行对老年产业进行信贷支持。《中共中央关于全面深化改革若干重大问题的决定》提出"积极应对人口老龄化,加快建立社会养老服务体系和发展老年服务产业",尽管属于点对点的措施,但一定程度上也说明国家应对人口老龄化在政策扶持上的态度。随着社会保障制度的逐步完善和内需的拉动,退休人群固定收入的增加，"银发市场"蕴藏巨大商机。当前，城市的老年人中有42.8%的人拥有存款，每年老年人的离退休金、再就业收入、亲朋好友的资助可达 3 000 亿至 4 000 亿元①，为金融机构的信贷支持提供了强劲的内趋力。近几年，我国金融机构不断进行金融产品和服务方式创新，不断增强民间资本的吸引力，不断拓宽信贷抵押担保物范围，通过政府投入、财政贴息以及筹措小额贷款等形式，大力支持老龄产业的发展，在健康保险、养老基础设施建设、文化娱乐、体育健身、养老消费等方面给予了大量的支持。

---

① 数据来源：中国老龄科学研究中心，http://www. crca. cn/channel/135. html。

6 人口老龄化对货币政策汇率传导机制的影响

6.1 货币政策汇率传导机制的理论分析

货币政策汇率传导机制是指中央银行运用汇率政策控制和调节汇率变动，实现宏观经济发展目标的传导途径与作用机理。汇率亦称外汇行市或汇价，是一国货币兑换另一国货币的比率，是以一种货币表示另一种货币的价格。1997 年亚洲金融危机最直接的原因就是泰国、马来西亚等东南亚国家汇率政策的失误，造成了这些国家金融体系的系统性崩溃和经济的大衰退。在世界经济一体化进程中，亚洲金融危机的深刻教训凸显出货币政策汇率传导机制在货币政策体系中的重要地位，因此只有充分认识汇率机制传导货币政策的路径，才能制定出适宜的汇率政策，消除传导中的壁垒和障碍，保证汇率政策实质性作用于实体经济，实现经济增长目标。

6.1.1 货币政策汇率传导机制的主要理论

货币政策汇率传导机制的理论基础有马克思的汇率理论、均衡汇率理论、资产组合平衡理论等，本文主要介绍购买力平价理论、利率平价理论和蒙代尔-弗莱明模型。

6.1.1.1 购买力平价理论

购买力平价理论是关于汇率决定的一种理论。1802 年英国经济学家 H. Thornton 提出了购买力平价思想，David Ricardo 在其古典经济理论中加以发展并成为其中一个组成部分，瑞典经济学家 G. Cassel 在 1922 年出版的《1914 年以后的货币与外汇》一书中对购买力平价思想作了详细论述，成为当今汇率理论中最具影响力的理论之一。购买力平价理论认为两国货币的汇率取决于两种货币在这两国的购买力之比。当两种货币都发生通货膨胀时，名义汇率就等于两国通货膨胀率之比与原先的汇率的积，由此计算出来的汇率看作是两种货币之间新的平价，这一平价即购买力平价。购买力平价理论认为纸币的购买力同纸币所代表的价值之间存在着一定联系，通货膨胀的变化影响了汇率的变化。购买力平价理论分为绝对购买力平价理论和相对购买力平价理论。

6.1.1.2　利率平价理论

利率平价理论是关于资本流动与汇率决定之间关系的一种理论。利率平价理论萌芽于 19 世纪 60 年代，发轫于 19 世纪 90 年代德国经济学家沃尔塞·洛茨（Lotz Walther）提出的利差与远期汇率关系问题，发展于 20 世纪初期凯恩斯建立的古典利率平价模型和 20 世纪三四十年代保罗·艾因齐格（Paul Einzig）的动态均衡思想，后来经过罗伯特·Z. 阿利布尔（Robert Z. Aliber）等人的进一步发展，现代利率平价理论臻于完善。利率平价理论通过利率同即期汇率与远期汇率之间的关系来说明汇率的决定与变动原因，认为两个国家利率的差额相等于远期兑换率及现货兑换率之间的差额。利率平价理论因投资者风险偏好假定不同可分为无抛补利率平价和抛补利率平价两种。

6.1.1.3　蒙代尔-弗莱明模型

蒙代尔-弗莱明模型是在开放经济条件下分析财政货币政策效力的主要工具，被称为开放经济条件下进行宏观分析的工作母机。1963 年，蒙代尔（Robert A. Mundell）在《加拿大经济学杂志》上发表了"固定和浮动汇率下的资本流动和稳定政策"一文，扩展了 IS-LM 模型，提出了开放经济条件下的蒙代尔-弗莱明模型。通过模型分析发现，在没有资本流动的情况下，货币政策在固定汇率下在影响与改变一国的收入方面短期是有效的，但长期来看是无效的，在浮动汇率下则更为有效；在资本有限流动情况下，整个调整结构与政策效应与没有资本流动时基本一样；而在资本完全可流动情况下，货币政策在固定汇率时在影响与改变一国的收入方面是完全无能为力的，但在浮动汇率下，则是有效的。蒙代尔-弗莱明模型说明了在开放经济条件下资本自由流动以及不同的汇率制度对一国宏观经济的影响，代表了汇率内外均衡调节的最高理论成就。

6.1.2 成熟市场经济下的汇率传导机制

在成熟的市场经济体，因为拥有发达的资本市场，国家在实施扩张性财政政策情况下，中央银行仍能够通过货币政策工具的实施，合理调控流通中的货币供应量，保持通货紧缩。因此在发达市场经济国家，蒙代尔-弗莱明模型具有很强的适应性，美国、日本和德国就是蒙代尔-弗莱明模型应用最好的三个国家。

在固定汇率制度下，根据蒙代尔-弗莱明模型，无论资本是否完全自由流动，中央银行的货币政策都是无效的。在资本不完全流动条件下，中央银行实施紧缩性货币政策，流通中货币供应量减少，利率上升，导致国际收支顺差和本币升值，而中央银行为维持固定汇率，将购买外币，卖出本币，外汇储备增加，货币供应量增加，导致利率下降，投资上升，最终导致社会总供给和总需求发生变化。由于中央银行必须维持汇率固定不变，这个过程将一直持续不断地进行下去，直到社会总需求与总供给恢复到正常水平。因此，在固定汇率制度下，在资本不完全流动的情况下，中央银行货币政策的实施与调整对实际经济变量没有影响。在资本完全流动情况下，中央银行实施紧缩性货币政策，流通中货币供应量减少，利率上升，导致国际资本大量流入，资本项目收支出现顺差，致使本币升值，中央银行为维持固定汇率，将购买外币，卖出本币，外汇储备上升，货币供应量增加，这样中央银行货币政策经过一系列路径传导，导致货币供应量在两头一减一增，抵消了货币政策的实施效果。因此，在固定汇率制度下，在资本完全流动情况下，中央银行实施紧缩性货币政策无法对实体经济造成影响，导致货币政策无效。

在浮动汇率制度下，根据蒙代尔-弗莱明模型，在资本不完全流动条件下，中央银行实施紧缩性货币政策，流通中货币供应量减少，利率上升，经常项目和资本项目出现顺差，导致本币升值，出口增加，进口减少，国民收入增加。在资本完全流动条件下，国内利率与国外保持一致性，中央银行实施紧缩性货币政策，流通中货币供应量减少，本币升值，出口增加，进口减少，国民收入增加。因此在浮动汇率制度下，无论资本是完全流动还是不完全流动，货币政策的实施将通过汇率机制传导到实体经济，影响出口与社会总产出，实现货币政策目标。

6.2　我国当前汇率制度下的汇率传导机制

6.2.1　我国汇率政策的演变

新中国成立以来，我国汇率制度经历了由官定汇率到市场决定，由固定汇率到有管理的浮动汇率制度的变迁，在计划经济、有计划的商品经济以及社会主义市场经济不同的发展阶段体现出不同的制度轨迹。

在计划经济时期，1973 年以前，我国实行钉住美元的固定汇率制度。在新中国成立初期，国民经济处于恢复阶段，在国际货币以美元和黄金为基础的布雷顿森林体系下，由于人民币无法规定具体的含金量，因此在对外贸易中对其他国家货币的汇率，不能按两国货币所含的美元或者黄金来确定，只能以实际的物价水平作为汇率制定的依据。从 1953 年起，国内物价趋于全面稳定，社会主义改造顺利推进，对外贸易由新组建的国有公司统一经营，外贸产品的价格纳入国家指令性计划，这一时期人民币汇率逐渐同物价脱钩，参照各国政府公布的汇率来制定我国合适的汇率。1973 年布雷顿森林体系彻底解体，以美元为中心的固定汇率制崩溃，西方国家普遍实行了浮动汇率制，我国也从 1973 年起放弃了钉住美元的汇率政策，采取钉住加权的"一篮子"货币的固定汇率制度，以避免西方国家通货膨胀及汇率的剧烈波动对我国经济发展造成不利的影响。1979年我国改革开放兴起，国家开始改革外贸管理体制，打破国营外贸部门对外贸易的垄断经营权。为了加强经济核算并适应外贸体制改革的需要，1981 年起实行"双重汇率制"或"汇率双轨制"的汇率管理制度，在继续保留官方外汇牌价的基础上，另外制定贸易外汇内部结算价。

在有计划的商品经济发展阶段，我国实行官方汇率与市场汇率并存的多重汇率制度。由于国际货币基金组织和外国生产企业对"双重汇率"提出异议，认为我国的汇率制度造成国际的不公平竞争，1985 年开始，我国迫于国际压力，被迫取消了贸易外汇的内部结算价，重新恢复单一汇率制。1986 年起，人民币放弃钉住一篮子货币的做法，改为管理浮动，人民币官方汇率根据国内经济发展形势进行适时适度、机动灵活、有升有降的浮动调整，从而形成了统一的官方牌价与迥乎不同的市场调剂汇价并存的"新双轨制"。

在社会主义市场经济建立和发展阶段，我国更富弹性的有管理的浮动汇率制度逐步形成，并将持续得到完善。1994 年 1 月，我国实行人民币汇率并轨，取消双轨制，逐步建立起以市场供求为基础的、单一的、有管理的浮动汇率制度。1996 年 12 月我国实现了人民币经常项目可兑换，2005 年 7 月我国再次对汇率制度实施改革，人民币汇率不再盯住单一美元，开始实行参考一篮子货币进行汇率调整，逐步实施以市场供求为基础的、有管理的浮动汇率制度。2012年 11 月党的十八大报告提出，要稳步推进汇率市场化改革，逐步实现人民币资本项目可兑换，初步建立起以适应市场供求变化为基准的、更为灵活的人民币汇率形成机制，增强汇率的弹性和灵活性，积极应对当前国际经济、贸易、国际投资环境变化的挑战，从而建立起公平可持续的市场经济体制。

6.2.2 我国当前汇率制度下的汇率传导机制

根据蒙代尔-弗莱明模型，在固定汇率制度下，中央银行的货币政策汇率传导机制是无效的，而在浮动汇率制度下，中央银行的货币政策能够通过汇率机制传导到实体经济。由于我国特殊的外汇管理制度，蒙代尔-弗莱明模型的前提条件与我国宏观经济不尽相符，因此我国的汇率传导机制有其特殊性，表现在两个方面，一是我国经常项目和资本项目的"双顺差"。双顺差是指我国因各种制度缺陷、价格扭曲和宏观经济发展的不平衡导致在国际收支中经常项目、资本和金融项目都呈现顺差，我国外汇储备持续增加，居高不下，国际资本源源不断流入我国，在此情况下中央银行可以在不影响人民币利率的条件下调节外汇供求，也可以在不影响汇率变动的情况下调整货币政策，外汇交易市场和国内其他金融市场是割裂的，没有形成协整机制。二是我国长期实行强制结售汇制度及其影响，除国家规定的外汇账户可以保留外，企业和个人必须将多余的外汇卖给外汇指定银行，外汇指定银行必须把高于国家外汇管理局规定头寸的外汇在银行间市场卖出。在强制结售汇制度下，微观经济主体即使判断出人民币的升值或者贬值预期，也只能望洋兴叹而不果，因此中央银行没有必要通过买卖外汇来维持人民币的币值稳定。2012 年 4 月中旬，国家外汇管理局规定，国家不再实行强制结售汇的做法，企业和个人可以自主保留外汇收入。至此，我国保留了几十年的强制结售汇制度寿终正寝。但由于我国企业和个人国际金融知识及意识缺乏，加之实行了几十年的结售汇制度的影响，以及人民币长期的升值趋势，短时期内对汇率传导不会产生太大的影响。

随着我国社会主义市场经济的发展和金融改革的深化，人民币与美元汇率突破单边升值趋势而呈现出双边波动态势，这为我国完善汇率形成的市场机制提供了难得的时间窗口。2008 年世界金融危机以来，由于人民币持续升值，更多的套利空间吸引了巨量短期国际游资流入我国，造成了我国房地产市场等诸多领域的"非理性繁荣"，进一步加剧了外汇储备和流动性过剩，增加了中央银行调控通货膨胀的压力，也阻梗了我国货币政策汇率渠道向实体经济的传导。

6.2.3 我国汇率传导机制阻滞的因素分析

货币政策汇率传导机制作为货币政策作用于实体经济的重要渠道，在发达成熟的市场经济体下，彰显出越来越重要的作用。我国独特的经济发展模式和外汇管理政策，使汇率传导机制作用于实体经济渠道受阻，因此，在当前世界经济一体化背景下，研究汇率传导机制的阻滞因素，推进汇率市场化改革进程，显得尤为迫切和重要。

6.2.3.1 我国货币政策目标的双重性

理论上讲，货币政策目标有稳定物价、充分就业、国际收支平衡和经济增长，中央银行根据国内经济社会发展形势的变化可以在这四大目标中进行取舍和有所侧重。我国货币政策的目标是"保持货币币值的稳定，并以此促进经济增长"。这就意味着我国要在保持人民币对内对外双重稳定的基础上，实现经济的稳步增长。根据蒙代尔-弗莱明模型，当一国经济陷入低迷时，中央银行采取扩张性货币政策，流通中货币供应量增加，利率下降，将促使物价上升，本币贬值，汇率上升，由于要维持币值稳定，在物价上升时名义汇率不变，将使本币的实际汇率相对提高，出口产品竞争力下降，进口增加，导致国内商品市场供大于求，这样就降低了扩张性货币政策的实施效果。

6.2.3.2 涉外经济金融的优惠政策

改革开放初期，随着对外开放进程的加快，我国出现巨大的外汇缺口，为了增加外汇储备，以便从国际市场上购买国内紧缺资源，突破阻碍经济发展的瓶颈，我国除大力吸引外商直接投资等政策外，鼓励国内企业积极发展对外贸易，自 1985 年 4 月实施了出口退税政策，使国内产品以不含税成本进入国际市场，增强竞争能力，提高创汇能力。同时，为弥补建设资金短缺，国家鼓励外商直接来华投资，给予外资企业政策优惠，享受超国民待遇。1984 年我国外汇储备余额为 82.2 亿美元，之后成几何倍数增长，到 2013 年达到了 3.82 万亿美元[①]。虽然我国外汇储备得到了巨额增长，但这种针对对外贸易企业优惠的制度安排，弱化了外贸企业对汇率弹性的敏感度，削弱了汇率变动的杠杆效应，阻碍了汇率传导机制的有效性。

6.2.3.3 利率市场化程度低

根据利率平价理论，两个国家利率的差额相等于远期兑换率及现货兑换率之间的差额，因此利率和汇率两者是相互作用的，利率的差异会影响汇率的变动，汇率的改变也会通过资金流动而影响不同市场上的资金供求关系，进而影响到利率。由于我国利率尚未完

---

① 中国人民银行，黄金和外汇储备报表，http://www.pbc.gov.cn/publish/diaochatongjisi/4181/index.html。

全市场化，资本项目不能自由兑换，当中央银行实施扩张性货币政策时，利率降低，套利资金将会把人民币兑换成外币流出国内，引起外汇资金需求增大，汇率降低，为了维持为了稳定，中央银行就会抛出外币购买人民币，从而抵消积极的货币政策的有效性，因此利率的市场化程度成为汇率传导机制有效性的重要前提。

6.2.3.4 微观经济主体的国际金融意识与行为

货币政策的汇率传导最终要落脚到微观经济主体，因此微观经济主体对汇率变化的敏感度就成为汇率传导有效性的客观基础，企业对汇率变动所引致的经济变量变动信息的收集、整理、分析和决策的反应情况，将直接影响汇率传导机制的有效性。一是我国企业参与国际竞争经验不足，国际金融的理论与实务、专业性与技术性都很强，风险度又很高，因此企业在应对汇率变动时的风险防范意识和手段十分欠缺。二是我国实行的汇率政策，如汇率的浮动方式、强制结售汇制度等，将汇率风险兜底给国家，尽管取消了强制结售汇制度，但由于人民币长期的升值趋势，麻痹了汇率风险对微观经济主体带来的不利影响。三是汇率变动对来料加工类企业影响很小，由于我国劳动力资源丰富，来料加工类产品工期短，企业利润不高，但产品数量庞大，因此不管人民币升值还是贬值，企业赚取中间差价的利润总数受到的影响基本上接近于中性。四是大量的外资企业特别是大型跨国公司，为了保持公司内部资金的流动性并有效控制汇兑损失，加大内部结算行为，或者基于人民币长期升值预期而保留人民币行为，降低了汇率变动对企业经营活动的调节效应。

6.3 国内外汇率传导机制的影响分析：相关文献

随着国际金融一体化的深入推进，世界各国的经济联系日益紧密，从1998年亚洲金融危机和2008年全球金融危机可以看出，金融危机可以迅速从局部蔓延到全球，在发达国家和发展中国家之间相互传导，并从金融领域扩散到实体经济，因此，制定和实施适宜的货币政策，发挥汇率渠道在货币政策传导机制中的重要作用，防范和化解国际金融风险，成为各国中央银行不可逾越的必答题。

国外学者对汇率传导渠道的研究很深入，成果也很丰富，主要集中在汇率政策对国内价格水平、对外贸易和国际投资的影响等方面。Goldberg 和 Knetter（1997）指出汇率传导就是指进出口国间的汇率变动一个百分点所引致的以进口国货币表示的进口价格变动的百分比。Obstfeid 和 Rogoff（1995）构建了一个开放经济动态下的一般均衡模型，认为企业的定价策略将影响汇率对进口商品价格传递的效果，汇率的传递系数取决于生产者货币定价与当地货币定价策略的比例。Taylor（2000）对汇率传导效应和通胀水平、货币政策的关系进行了研究，认为较低的通胀环境会使企业在低通胀预期的状况下选择稳定价格的调整行为，降低了汇率的传导效应；反之，较高的通胀环境会产生较高的汇率传导效应。保罗·克鲁格曼和茅瑞斯·奥伯斯法尔德在《国际经济学》一书中提出了著名的"J曲线效应"，在本国货币贬值初期，经常项目收支状况不仅得不到好转，反而会比原先更为恶化，进口增加而出口减少。Miles（1979）采用简化数理模型实证研究了 14 个国家货币贬值和国际贸易收支之间关系，认为货币贬值不能改善国际贸易收支，但能引起组合资产中货币和债券比例发生改变。Froot 和 Stein（1991）提出了汇率变动的"财富效应"，当一国货币出现贬值时，本币币值的下降导致外币的相对价格上升，在资本市场不完全的情况下，本国投资者在相同条件下不能通过借入外币获得相对价格的差异来积累财富，而外国投资者能以相同外币获得更多东道国的资产，这样，本币贬值将有利于外商投资的增加。

国内研究方面，主要存在汇率传导渠道的有效性之争。高山、崔彦宗等（2011）通过对 2002 年以来相关的经济金融月度数据的实证分析，研究了我国货币政策汇率传导渠道的作用机理和传导效果，认为中国人民银行通过货币政策操作引起货币供应量的变动，但货币供应量的改变很难引起实际有效汇率的变动，这就降低了货币政策操作对实际有效汇率传导的有效性。张辉、黄泽华（2011）通过实证方法检验了我国货币政策汇率传导机制的有效性，研究发现在汇率传导渠道中，货币政策和汇率波动存在长期均衡关系。由于受到汇率形成机制非市场化、资本流动受限及强制结售汇制度等因素的影响，货币政策对汇率传导存在时滞。汇率的波动对 CPI 没有显著影响，但能够对投资、消费和净出口变动产生影响，从而传导到实体经济，影响经济的增长。唐安宝、何凌云（2007）认为汇率传导机制的有效性主要表现在汇率变动作用于国际收支和实体经济两个方面，其中汇率变动对国际收支的作用具体反映在向进出口、外债规模和外汇储备三个方向上的传导效应上，对实体经济的作用主要体现在对产出和物价的影响上。贺建清、胡林龙（2010）选取 2006 年 1 月至 2008 年 12 月的相关经济数据，运用协整检验和格兰杰因果检验对我国货币供应量对汇率的影响、汇率对产出的影响进行实证研究，发现货币供应量通过影响利率或通货膨胀率的变化，从而对汇率波动造成影响，汇率的变化通过影响进出口商品的价格水平促进净出口额的变化，认为货币政策的汇率传导渠道在我国是有效的。赵先立（2013）使用 VAR 模型实证检验了名义汇率、中美两国相对贸易部门和非贸易生产率差异、中美相对实际货币余额、二元人口和产业结构这五类因素对人民币实际汇率的影响，研究发现实际货币余额对人民币实际汇率波动的影响力度最大，其次才是名义汇率变动的影响，而我国产业结构的变动对人民币实际汇率波动的解释力度非常微弱。

6.4 人口老龄化对货币政策汇率传导机制影响的作用机理

Braude（2000）认为老年人口比率上升将造成实际汇率的升值，在发达国家，老年负担率增加 10% 将导致实际汇率升值 12% ~ 15%，儿童负担率对实际汇率的影响不明显，在发展中国家，儿童负担率增加 10% 将导致实际汇率升值 4%。Andersson 和 Österholm（2005，2006）研究发现人口年龄结构对汇率的影响效果显著，并且符合生命周期理论的假设，劳动适龄人口对实际汇率具有贬值效应，人口老龄化对汇率带来升值压力。Rose Supaat 和 Braude（2009）对

1975—2005 年 87 个国家的数据进行了实证研究，发现生育率的下降会带来实际汇率贬值。

池光胜（2013）选取了全球 187 个国家的 30 年数据，研究了人口老龄化对实际有效汇率的影响，认为人口老龄化的上升会带来实际有效汇率的升值，老龄化会减少储蓄引起经常账户余额下降，并会推高不可贸易品价格，使国内一般价格水平上升，人口老龄化对发展中国家实际有效汇率的影响要大于发达国家，对人口高密度国家实际有效汇率的影响要大于人口低密度国家。王仁言（2003）认为中国对外贸易出现持续顺差的重要原因是人口赡养率下降、国民储蓄增加及消费需求不振刺激了出口增长，就长期趋势而言，人民币汇率与对外贸易的相关性不明显，而人口年龄结构引起的消费、储蓄行为的变化对贸易差额具有更大的影响。杨长江、皇甫秉超（2010）建立了反映人口年龄结构对实际汇率影响机制的理论模型，认为人口年龄结构的变化不仅通过"需求结构效应""经常账户效应"等传统的需求面影响机制对实际汇率产生影响，而且还会通过"巴拉萨-萨缪尔森效应""要素禀赋效应"等来自供给面的影响机制发挥作用。

根据生命周期假设理论，理性人将平滑一生的跨期消费，形成"驼峰储蓄曲线"，老龄化将导致整个社会储蓄和投资的变化，引起国际资本流动。Luhrmann（2002）认为人口老龄化程度更深的国家会出口资本到年龄更轻的国家。Obstfeld 和 Rogoff（1995）、Higgins（1998）、Kim 和 Lee（2008）等认为如果人口年龄结构趋向老年，储蓄下降幅度将大于投资下降幅度，导致经常账户余额下降，引起汇率变动。郑基超、刘晴（2013）分析了人口结构变动与投资收益变动趋势的相关性，认为人口结构变动将影响国际资本流动。朱超等（2013）选取了 190 个国家和地区 1960 年以来的数据，分析了人口年龄结构和国际资本流动的关系，认为经常账户余额与人口抚养比呈逆向关系，全球国际资本流动总体上呈现出由老龄化国家流向未老年国家，从而引起流入和流出国家的汇率波动。

综上所述，人口老龄化对货币政策汇率传导机制的影响因素很多，不仅包括年龄结构的影响，还包含引起汇率传导机制变化的各个要素，譬如货币供应量、利率政策、国际贸易、储蓄和消费、产业结构调整、国际资本流动等等，因此，从理论上分析，人口老龄化对货币政策传导机制影响的过程，就是人口老龄化影响货币供应量，通过货币供应量的改变影响汇率波动，再通过汇率波动变化影响净出口，进而影响到社会总产出。

6.5 人口老龄化对货币政策汇率传导机制影响的实证分析

6.5.1 变量选择

根据人口老龄化对我国货币政策汇率传导机制影响的作用机理分析可以看出来，人口老龄化影响汇率传导机制主要渠道为：人口老龄化→货币供应量→汇率政策→净出口→经济增长。因此，本文在研究人口老龄化对货币政策汇率传导机制的影响时，选取的变量包括人口老龄化、货币供应量、净出口、人民币实际有效汇率和经济增长。

在汇率指标的选择上，选取人民币实际有效汇率作为分析变量。有效汇率是以贸易比重为权数确定的加权平均汇率指数，是根据汇率的购买力平价理论而衍生出来的汇率测评指标，用于反映一国货币的汇率在国际贸易中的总体竞争力和波动幅度，通常分为实际有效汇率和名义有效汇率。一般来说，由于国际贸易的多边性，一国的产品可能出口到不同的国家，因而会使用不同的货币汇率进行汇兑。当一国货币在对某种货币升值的同时，因各国经济发展的差异性，可能对另一种货币贬值，即使该种货币对其他几种货币同时出现升值（或贬值），其波幅完全可能不一致。因此，从 20 世纪 70 年代末起，为了避免在国际贸易中出现的汇率损失，国际上开始使用有效汇率这个指标来衡量某种货币的总体波动幅度，及其在国际金融和国际贸易中的地位和作用。实际有效汇率就是在名义有效汇率的基础上，剔除了通货膨胀因素对各国货币购买力的影响。而名义有效汇率则等于产生对外贸易各方货币名义汇率的加权平均数。由此可以看出，实际有效汇率不仅包涵了所有双边名义汇率的相对变动情况，而且还剔除了通货膨胀因素对货币本身价值的影响，因而最能够综合反映本国货币的对外价值和相对购买力。

　　净出口又称贸易差额、贸易余额，是指一国在一定时期内（如一年、半年、一季、一月）出口总值与进口总值之间的差额。本研究选取月度净出口作为变量。此外，人口老龄化的老年抚养比（ODR）、货币供应量 M2、经济增长 GDP 等指标在第四章已作介绍。

　　从数据来源来看，实际有效汇率数据来源于国际清算银行网站的汇率报表，净出口数据来源于中经专网宏观经济数据。所有数据均为 2002 年 1 月至 2012 年 12 月的月度数据。

6.5.2　数据处理与检验

　　在本节的计量检验中，重点分析实际有效汇率（EX）、货币供应量（LNM2）、老年抚养比（ODR）、净出口（XM）和经济增长（GDP）之间的关系。在模型构建之前，首先要检验各个变量的平稳性，检验结果如表 6-1 ~ 表 6-2 所示。从检验结果可以看出，各个变量都是水平不平稳，但是一阶差分是平稳的，因此可以建立 VAR 模型并进行协整分析。

　　货币供应量（LNM2）、老年抚养比（ODR）、经济增长（GDP）的平稳性检验已在第四章进行。

表 6-1　　　　　　　　　　　　EX 的平稳性检验结果

Null Hypothesis：D（EX）has a unit root			
Exogenous：Constant			
Lag Length：0（Automatic based on SIC，MAXLAG = 12）			
		t-Statistic	Prob. *
Augmented Dickey-Fuller test statistic		−7. 453 01	0
Test critical values：	1% level	−3. 484 65	
	5% level	−2. 885 25	
	10% level	−2. 579 49	

表 6-2　　　　　　　　XM 的平稳性检验结果

		t−Statistic	Prob. *
Null Hypothesis：D（XM）has a unit root			
Exogenous：Constant，Linear Trend			
Lag Length：0（Automatic based on SIC，MAXLAG = 12）			
Augmented Dickey−Fuller test statistic		−14.977 4	0
Test critical values：	1% level	−4.035	
	5% level	−3.447 07	
	10% level	−3.148 58	

6.5.3　VAR 模型的建立和最优滞后期的选取

本书建立动态的 VAR 模型进一步检验，并采用极大似然法进行
估计。基本模型表述如下：

$$EX_t = \alpha_0 + \sum_{i=1}^{n} \alpha_{1i} LNM2_{t-i} + \sum_{i=1}^{n} \alpha_{2i} ODR_{t-i} + \sum_{i=1}^{n} \alpha_{3i} GPD_{t-i} +$$

$$\sum_{i=1}^{n} \alpha_{4i} XM_{t-i} + \xi_{1t}$$

$$LNM2_t = \beta_0 + \sum_{i=1}^{n} \beta_{1i} EX_{t-i} + \sum_{i=1}^{n} \beta_{2i} ODR_{t-i} + \sum_{i=1}^{n} \beta_{3i} GPD_{t-i} +$$

$$\sum_{i=1}^{n} \beta_{4i} XM_{t-i} + \xi_{2t}$$

$$ODR_t = \theta_0 + \sum_{i=1}^{n} \theta_{1i} LNM2_{t-i} + \sum_{i=1}^{n} \theta_{2i} EX_{t-i} + \sum_{i=1}^{n} \theta_{3i} GPD_{t-i} +$$

$$\sum_{i=1}^{n} \theta_{4i} XM_{t-i} + \xi_{3t}$$

$$GPD_t = \rho_0 + \sum_{i=1}^{n} \rho_{1i} LNM2_{t-i} + \sum_{i=1}^{n} \rho_{2i} ODR_{t-i} + \sum_{i=1}^{n} \rho_{3i} EX_{t-i} +$$

$$\sum_{i=1}^{n} \rho_{4i} XM_{t-i} + \xi_{4t}$$

$$XM_t = \lambda_0 + \sum_{i=1}^{n} \lambda_{1i} LNM2_{t-i} + \sum_{i=1}^{n} \lambda_{2i} ODR_{t-i} + \sum_{i=1}^{n} \lambda_{3i} GPD_{t-i} +$$

$$\sum_{i=1}^{n} \lambda_{4i} EX_{t-i} + \xi_{5t}$$

式中 i 为变量的滞后期数，可由 LR、FPE、AIC、SC、HQ 等信息准则进行判定。根据判定结果，本文选取的最优滞后期数为 i=2，此时的 LM 检验显示残差不存在自相关，J-B 检验表明满足正态分布要求，White 检验表明不存在异方差，见表 6-3。

表 6-3　　　　　　　　　最优滞后期的选取

Lag	LogL	LR	FPE	AIC	SC	HQ
0	−1 834	NA	23 680 754	31. 169 56	31. 286 96	31. 217 23
1	−764.83	2 029. 619	0. 488 09	13. 471 69	14. 176 1	13. 757 7
2	−703. 514	111. 199 3	0. 264 346 *	12. 856 17 *	14. 147 59 *	13. 380 53 *
3	−684. 074	33. 608 79	0. 292 123	12. 950 4	14. 828 83	13. 713 1
4	−672. 642	18. 794 45	0. 371 63	13. 180 38	15. 645 81	14. 181 42
5	−644. 524	43. 844 60 *	0. 358 754	13. 127 53	16. 179 98	14. 366 92

VAR 模型的检验结果如表 6-4 所示。从变量滞后项的显著性来看，就被解释变量 EX 而言，受其自身的滞后 1 期、2 期的影响非常明显；而受其他变量的滞后项影响皆不明显；就被解释变量 LNM2 而言，受自身滞后 1 期、2 期影响较为明显；受变量 XM 滞后 1 期的影响较为明显；受 EX、ODR、GDP 的滞后项影响并不明显。

由此可见：

（1）ODR 对 EX、XM 滞后 1 期、2 期的动态影响不显著，对 M2 影响微弱，说明人口老龄化对汇率传导机制的影响不显著。但 ODR 对 GDP 影响显著，说明人口老龄化能引起社会总产出的变化。

（2）LNM2 受变量 XM 滞后 1 期的影响较为明显，说明货币供应量的变动对净出口的影响较大。

（3）EX 对 LNM2、XM 和 GDP 滞后项影响并不明显，说明实际有效汇率的变动对货币供应量、净出口的影响较小，进而对经济增长的影响较小，我国货币政策汇率传导机制受阻。

表 6-4 　　　　　　　　　　VAR 模型的计量检验结果

	EX	LNM2	ODR	XM	GDP
EX（-1）	1. 282 267	-0. 000 224	0. 000 754	464. 576 8	-0. 004 454
	[14. 481 8]	[-0. 324 90]	[0. 728 09]	[0. 822 38]	[-0. 209 78]
EX（-2）	-0. 341 529	0. 000 308	-0. 000 632	-139. 773 3	-0. 005 715
	[-3. 826 94]	[0. 442 89]	[-0. 606 12]	[-0. 245 48]	[-0. 267 09]
LNM2（-1）	10. 370 47	0. 841 78	-0. 106 012	-53 733. 95	-0. 179 764
	[0. 897 01]	[9. 350 60]	[-0. 784 33]	[-0. 728 48]	[-0. 064 85]
LNM2（-2）	-9. 154 904	0. 155 643	0. 109 915	67 798. 59	0. 705 536
	[-0. 786 02]	[1. 716 13]	[0. 807 20]	[0. 912 37]	[0. 252 64]
ODR（-1）	8. 119 659	0. 029 517	1. 500 342	-54 865. 11	2. 729 956
	[1. 136 89]	[0. 530 75]	[17. 968 6]	[-1. 204 05]	[1. 594 19]
ODR（-2）	-9. 014 582	-0. 030 106	-0. 499 351	47 420. 55	-3. 179 449
	[-1. 238 88]	[-0. 531 34]	[-5. 869 93]	[1. 021 46]	[-1. 822 38]
XM（-1）	2. 83E-06	-1. 46E-07	2. 35E-07	0. 372 063	3. 57E-06
	[0. 187 24]	[-1. 242 26]	[1. 328 97]	[3. 852 44]	[0. 984 59]
XM（-2）	1. 28E-05	4. 30E-07	6. 59E-09	0. 068 074	-6. 33E-06
	[0. 862 34]	[3. 705 36]	[0. 037 87]	[0. 716 66]	[-1. 772 16]
GDP（-1）	-0. 119 1	-0. 002 453	-0. 002 447	-547. 368 7	1. 506 645
	[-0. 370 51]	[-0. 979 82]	[-0. 651 02]	[-0. 266 89]	[19. 547 9]
GDP（-2）	0. 100 226	0. 001 323	0. 001 39	1 963. 774	-0. 569 109
	[0. 308 64]	[0. 523 17]	[0. 366 04]	[0. 947 82]	[-7. 309 10]
C	0. 540 523	0. 054 931	-0. 054 5	-137 305. 8	0. 076 274
	[0. 084 42]	[1. 101 78]	[-0. 728 08]	[-3. 361 21]	[0. 049 68]

6. 5. 4　Johansen（约翰逊）协整分析

本节在构建各个变量 VAR 模型的基础上，选取协整检验为滞后 1 期，进一步展开协整分析。在上述设定基础上，进一步根据特征根迹检验（trace）和最大特征值检验（Maximum Eigenvalue）的结果（见表 6-5、表 6-6）在 5% 的显著性水平下，各个变量之间存在一组协整关系。

通过 Johansen 协整分析可以看出，EX 与 LNM2、GDP 之间是显著的长期负向协整关系，EX 与 XM 之间存在长期正向协整关系，EX 与 ODR 关系并不明显（t 检验不显著）。

表 6-5   迹检验结果

Unrestricted Cointegration Rank Test（Trace）				
Hypothesized		Trace	0. 05	
No. of CE （s）	Eigenvalue	Statistic	Critical Value	Prob.
None *	0. 254 054	74. 951 18	69. 818 89	0. 018 4
At most 1	0. 141 585	39. 192 74	47. 856 13	0. 252 7
At most 2	0. 098 105	20. 567 3	29. 797 07	0. 385 2
At most 3	0. 056 482	7. 969 859	15. 494 71	0. 468 6
At most 4	0. 007 161	0. 876 755	3. 841 466	0. 349 1

表 6-6   最大特征值结果

Unrestricted Cointegration Rank Test（Maximum Eigenvalue）				
Hypothesized		Max−Eigen	0. 05	
No. of CE （s）	Eigenvalue	Statistic	Critical Value	Prob.
None *	0. 254 054	35. 758 44	33. 876 87	0. 029 5
At most 1	0. 141 585	18. 625 44	27. 584 34	0. 444
At most 2	0. 098 105	12. 597 44	21. 131 62	0. 489 9
At most 3	0. 056 482	7. 093 104	14. 264 6	0. 478 2
At most 4	0. 007 161	0. 876 755	3. 841 466	0. 349 1

$$EX = -35.168LNM2 + 17.536ODR - 4.352GPD + 0.002XM$$

t 值　　（1.667）　　　（1.125）　　　（6.696）　　　（3.107）

6.5.5　Granger（格兰杰）因果关系检验

在分析了变量的长期关系之后，本节进一步分析变量之间的 Granger 因果关系。本文分别检验这些变量滞后 1~12 期的格兰杰因果关系，从中选取与本研究有密切关系的检验结果并予以分析。

Granger 因果关系检验的结果如表 6-7 所示。由表 6-7 可见，XM 在滞后 1 期为 EX 的变动原因；EX 在滞后 1 期为 GDP、ODR 的变动原因；除此之外，各个变量之间的因果关系并不显著。

表 6-7　　　　　　格兰杰因果关系检验结果

	EX 不是 LNM2 原因	LNM2 不是 EX 原因	EX 不是 ODR 原因	ODR 不是 EX 原因	EX 不是 XM 原因	XM 不是 EX 原因	EX 不是 GDP 原因	GDP 不是 EX 原因
1	0.073	0.207	0.011	0.516	0.529	0.032	0.040	0.062
2	0.104	0.202	0.260	0.240	0.535	0.092	0.152	0.541
3	0.253	0.394	0.375	0.436	0.256	0.088	0.064	0.570
4	0.378	0.342	0.510	0.509	0.356	0.185	0.118	0.852
5	0.118	0.194	0.614	0.461	0.249	0.608	0.087	0.975
6	0.111	0.287	0.529	0.624	0.344	0.635	0.150	0.990
7	0.116	0.375	0.555	0.732	0.482	0.813	0.172	0.927
8	0.189	0.357	0.571	0.801	0.628	0.638	0.240	0.525
9	0.073	0.463	0.607	0.872	0.473	0.460	0.306	0.529
10	0.097	0.234	0.717	0.841	0.392	0.290	0.333	0.437
11	0.032	0.320	0.757	0.843	0.228	0.467	0.227	0.484
12	0.049	0.378	0.812	0.868	0.035	0.613	0.254	0.589

6.5.6　小结

通过 2002—2012 年月度宏观经济数据对我国人口老龄化对货币政策汇率传导机制进行实证分析，研究发现：

（1）人口老龄化对货币政策汇率传导机制有一定的影响，但效果不显著。人口老龄化能引起实际有效汇率的变化，其变化也不显著，但能引起社会总产出的变化。

（2）中央银行通过制定扩张或者紧缩性货币政策，通过货币供应量很难引起实际有效汇率的变化，短期来看实际有效汇率的变化对净出口变化有影响，但长期对经济发展的影响不明显，这说明我国货币政策汇率传导机制存在阻滞，传导渠道不畅。

通过以上实证分析结果可以看出，在我国，人口老龄化对汇率传导渠道的影响不显著。虽然我国利率传导机制有一定实效，但存在阻滞，主要原因在于我国汇率市场化形成机制问题。2005年"汇改"以前，由于中央银行和国家外汇管理局严格限制汇率的浮动幅度，实行强制结售汇制度，对外汇市场实施强制性干预，因此汇率制度弹性很小，人民币长期处于低估状态，汇率的价格杠杆功能缺失，微观经济主体的汇率风险意识淡薄，严重阻碍了汇率传导机制的有效性。2005年7月"汇改"后，人民币开始缓慢单边升值，加之我国长期"双顺差"，微观经济主体对人民币升值预期更加强烈，国际资金通过各种渠道流入我国，进一步给国际收支平衡造成压力。

7 人口老龄化对货币政策资产价格传导机制的影响

7.1 货币政策资产价格传导机制的理论分析

货币政策资产价格传导机制是指中央银行通过实施货币政策工具，影响和调节资产价格的变动，最终实现货币政策目标的传导途径与作用机理。资产价格是指资产转换为货币的比例，也就是一个单位的资产可以转换为多少货币的问题。广义的资产价格一般包括股票价格、房地产价格、汇率、贵金属价格和大宗商品交易价格等，狭义的资产价格主要是指股票价格和房地产价格。随着各国资本市场的蓬勃发展，资产价格的波动越来越引起各国中央银行的高度重视和重点关注，东南亚金融危机和美国次贷危机已经表明，资产价格的剧烈波动将对一国或地区的经济发展造成严重影响。资产价格波动是指资产价格（特别是股票和不动产的价格）逐渐偏离由商品和劳务等实体经济决定的内在价值而产生的波动幅度，如果发生向上偏离，就形成资产价格泡沫。资产价格泡沫一般是投机性投资短期内急剧增长导致流通中的货币非理性增加，造成金融风险积聚，可能触发金融危机进而影响经济增长。

7.1.1 货币政策资产价格传导机制的主要理论

资产价格的剧烈波动对经济发展造成的不利影响并引起货币管理当局的重视始于美国。1929 年 10 月 29 日美国道琼斯指数下跌了

12%，股市崩盘，泡沫破裂，这是美国历史上影响最大、范围最广、危害最深的经济危机，由此蔓延开来，危机迅速波及西方国家乃至整个世界，此后，世界经济陷入了长达10年的大萧条。随着20世纪30年代凯恩斯主义的兴起，货币政策传导机制理论的产生和发展，资本市场特别是股票市场的逐步完善，资产价格传导货币政策逐渐成为金融学的重点研究领域，形成了一系列的重要理论，Mishkin（1995，2001）将货币政策的资产价格传导机制总结为四个渠道理论：托宾的"Q"理论、莫迪利亚尼的财富效应理论、Mishkin 的流动性效应和 Bernanke 的金融加速器效应理论。金融加速器效应就是货币政策信贷传导渠机制的资产负债表渠道，已在第五章进行了论述。

7.1.1.1 托宾的"Q"理论

1969 年托宾在论文《货币理论中的一般均衡分析》中提出了股价同投资互相关联的理论。托宾认为，由于利率的变化，将影响股票价值或者引起 Q 值的增减变化，Q 值就是企业的市场价值除以资本的重置成本。当 Q>1 时，表示企业的市场价值大于资本的重置成本，那么企业自行制造新的硬件设施和生产设备所花费的全部成本将低于在市场上重新购置相同物资设备所耗费的成本价值，这样，企业就会选择新建厂房或者自行制造生产设备来进一步扩大生产和投资，最终带来社会投资总额和消费总额的上升。当 Q<1 时，企业在相同条件下，统筹成本收益，更愿意通过市场行为，采取收购社会现有的厂房或者生产设备的理性抉择，而不是依靠自身的力量重新建造厂房以及制造新的生产设备。

因此，企业可以通过 Q 值的变化来决定采取何种方式进行生产和投资，货币政策就通过资产价格的变动直接作用于实体经济。中央银行通过调节货币供应量（M）引起市场利率（i）的变动，从而直接影响股票的价值，股票价格（Pe）的变动会导致 Q 值变动，Q 值的变动将影响微观经济主体的生产投资（I）决策，从而对社会的总投资和总产出（Y）形成影响。

上述货币政策通过股票价格的传导过程可以归纳如下：M↑→i↓→Pe↑→Q↑→I↑→Y↑。

7.1.1.2 莫迪利亚尼的"财富效应理论"

1971 年莫迪利亚尼在《货币政策与消费》一文中指出，影响一个人当前消费支出的关键因素不在于当期收入而在于终生财富的多少，个人将根据终身财富的收入预期，跨期平滑当期消费。也就是说，当期的收入增加并不一定会带来消费支出的增加，而在于当期收入的增加值相对于终身财富值的影响程度。如果个人购买的股票、房地产等资产价格发生变动，导致个人终身财富的总量发生变化时，那么个人当期的消费支出或者跨期消费也就会发生相应的变化。以紧缩性货币政策为例，中央银行通过货币政策的实施，市场上货币供应量的减少，导致市场利率上升，直接引起股票价值发生变化，价格下降，同时会间接影响房地产价格（H），造成个人终身财富值的降低，个人的消费预期下调，影响消费者的消费决策，当期消费或者跨期支出下降，从而最终影响到社会总产出（Y）。

因此，货币政策通过资产价格变化引致个人财富变化进而作用于实体经济传导过程可以归纳如下：$M\downarrow \to i\uparrow \to Pe\downarrow \to H\downarrow \to C\downarrow \to Y\downarrow$。

7.1.1.3 流动性效应理论

1976 年 Mishkin 在论文《流动性不足，耐用消费品支出和货币政策》中提出了流动性效应理论，他认为当中央银行实施扩张性货币政策时，货币供应量增加，导致家庭财富增加，为了保持家庭资产的流动性，将刺激家庭对非货币金融资产（V）即有价证券的需求，进而将股票等金融资产作为财富形式持有，由于这类金融资产流动性强，交易成本低，家庭能在流动性不足时迅速按照市场价值变现。同时，由于资产价格上涨，影响家庭从银行获得消费信贷（D）的能力和预期，从而影响家庭依靠消费信贷进行消费的数量，加大家庭对耐用消费品（C_A）和房地产（H）等固定资产的支出，最终使社会总产出上升。

这样，货币政策通过资产价格影响家庭的流动性进而作用于微观经济主体消费行为的传导过程可以归纳如下：$M\uparrow \to V\uparrow \to Pe\uparrow \to D\downarrow \to C_A\uparrow \to H\uparrow \to Y\uparrow$。

7.1.2 资产价格的货币政策传导：美日经验

随着世界各国金融市场的成熟演进，资产价格逐渐成为中央银行货币政策传导的主渠道，对货币政策目标的实现和宏观经济的发展有着越来越重要的作用。

7.1.2.1 美国目前的货币政策资产价格传导机制

美国在20世纪90年代以前，凯恩斯主义货币政策传导理论占据主导地位，货币政策传导也主要以利率传导为主体，随着Bernanke的信贷论、金融市场价格论和物价波动论的兴起，美联储的货币政策传导机制呈多元化趋势，由于美国把稳定物价作为货币政策的首要目标，以通货膨胀目标制为政策框架，因而资产价格传导机制的作用日益凸显。

（1）通过控制资金成本调节企业和个人的投资决策。这一渠道是美国货币政策通过资产价格传导实施对经济影响的主要渠道。美联储通过实施量化宽松政策，让货币政策在货币市场和商品市场同时产生影响，使实际利率降低，借贷成本下降，导致资产价格和实物资本价格上升，企业的生产产量提高，社会商品物价上涨，从而吸收流通领域的货币供应量，促进经济的增长。

（2）通过调控家庭财富的变化影响消费决策。这一渠道逐渐成为美联储货币政策的重要支撑，约占美国货币政策对经济影响的30%①。美联储的量化宽松政策使货币供应量增加，货币市场和资本市场更加活跃，股票价格上涨，家庭持有股票等货币资产的数量增加，家庭财富不断增多，消费预期上升，"财富效应"显现，促使家庭消费增加。同时，由于股票价格上涨，企业"Q"值上升，更愿意通过发行股票筹集资金用于投资新的工厂和设备，提高生产产量，提高社会总供给和总需求。这样美联储通过货币政策的变化，改变家庭的资产结构和财富积累，影响企业的投资决策和个人的消费支出，从而影响经济发展。

7.1.2.2 日本目前的货币政策资产价格传导机制

在20世纪60~80年代，日本经济飞速发展，经济话语权与日俱

---

① 叶振勇. 论美国货币政策传导机制的演进 [J]. 财经科学，2000（6）：32.

增。进入 90 年代后，日本经济增长泡沫破裂，经济陷入了"失去的十年"。为挽救经济形势的恶化和经济增长的颓废，日本中央银行持续实施扩张性财政政策，采取零利息率措施，加大对公开市场业务的操作，实施基础货币的持续增长。由于实施零利率，日本居民储蓄率下降，家庭为保持资产的保值增值，购买股票、债券和商品，导致资产价格上涨，刺激日本经济回暖。近几年来，日本中央银行一直强调不会改变宽松的货币政策，并对日本经济复苏前景看好。当前日本采取的货币政策对日本经济复苏起到了一定的作用，但效果不是很明显，其根本原因在于泡沫经济的崩溃带来的严重后遗症，而不是货币政策传导机制出现了问题。

7.2　我国资产价格传导机制的影响因素分析

在我国现在的金融结构和金融体系下，商业银行和货币市场在货币政策传导路径中仍然处于核心地位，随着我国金融体制改革的不断深化，直接融资比例的逐步提高和资本市场的不断发展与完善，资本市场在货币政策传导中的作用日益凸显，资产价格作为货币政策传导机制的功能将愈发突出，中央银行在实施货币政策时，通过在公开市场的业务操作，进一步打通资产价格传导到实体经济的渠道梗阻，实现货币政策目标。

当前，影响我国资产价格传导机制的主要因素有：资本市场的规模偏小，货币市场与资本市场的一体化程度较低，金融结构不合理以及居民的财富效应和流动性效应微弱。

7.2.1　资本市场的规模问题

我国资本市场的建立和发展，改变了传统的计划融资和行政融资模式，市场机制在资源配置中发挥着越来越重要的作用，大大促进了我国经济的发展，包括结构调整升级。根据中国上市公司市值管理研究中心发布的《2013 年中国 A 股市值年度报告》可知，截至 2013 年 12 月 31 日，沪深股市 A 股总市值为 23.76 万亿，占 2013 年我国 GDP 的 41.77%，因而我国证券市场已初具规模，为中国经济的快速发展注入了大规模的资金和活力，成了中国经济持续、快速、健康发展的一个强有力的支撑条件。然而，与发达市场经济国家相比，我国资本市场尚不完善，发展中的深层次问题和矛盾也逐步暴露出来，严重阻碍了资本市场的进一步发展。2013 年我国社会融资规模为 17.29 万亿元，其中人民币贷款增加 8.89 万亿元，占同期社会融资规模的 51.4%，非金融企业境内股票融资 2 219 亿元，占同期社会融资规模的 1.28%①，这充分说明我国证券市场的融资规模与社会融资的总需求相比还差得远。在发达国家和地区，股票市值一般都超过了同期 GDP，发展中国家一般达到 60%～70%，2014 年 2 月美国股票市值与 GDP 之间的比例达到 125.2%，日本更高，达到了 160%②，而我国 41.77% 的占比，显示出我国证券市场的规模与经济发展是不协调的。

7.2.2 货币市场与资本市场的一体化程度

货币市场和资本市场是我国金融市场的两大组成部分，货币政策传导机制在货币市场与资本市场并存的情况下，其传导效果不仅取决于货币政策的传导效率，而且还受制于两个市场之间的联系紧密程度。只有在金融市场机制完善，货币市场和资本市场一体化程度较高时，资金价格才能引导资金在两个市场间自由流动，才能达到调节资金供求的目的，才能最大限度地缩短货币政策时滞，提高货币政策传导的有效性。

李扬、何德旭（1999）认为货币市场和资本市场密切相连，两个市场之间相互竞争、相互渗透、相互转化、相互影响，有着日益融为一体的趋势。但由于我国金融市场历史发展因素的影响和体制机制的制约，货币市场与资本市场存在相互割裂的态势。其主要表现在：一是两个市场的资金价格缺乏内在联系，资本市场侧重"资

---

① 中国人民银行，2013 年社会融资规模统计表，http://www.pbc.gov.cn/publish/diaochatongjisi/4179/index.html。

② 美国股市膨胀堪忧 市值占 GDP 比重达 125.2%，环球网，2014-02-24，http://finance.huanqiu.com/view/2014-02/4855796.html。

本性"，货币市场侧重"流动性"，资本市场上各种工具的定价与价格水平没有形成一个基准利率，因而难以形成合理的定价机制，货币市场的基准利率由于资本市场供需矛盾突出使其关联度不高，因此两个市场资金价格结构失衡，密切度不强。二是各种金融工具之间的比例关系不合理，股票、债券、票据、外汇等金融工具结构性矛盾突出，资本市场的投资者不能通过货币市场进行流动性管理，突出表现在股票价格的波动不能反映货币供应量，对中央银行的货币政策预期效果不强，导致资产价格扭曲，抑制货币政策效果。

在货币市场与资本市场日渐融合的全球化趋势下，我国两个市场呈现割裂状态，其原因主要变现在：一是我国的金融监管体系，1989年我国提出了金融业分业经营分业监管的基本原则，2003年银监会的成立标志着我国"一行三会"分业监管体制的确立，一些分业经营的法规和分业监管的制度将货币市场与资本市场人为地进行了割裂。如我国《贷款通则》规定，不得用贷款从事股本权益性投资，不得用贷款在有价证券、期货等方面从事投机经营等。二是我国实行的利率管制，资金价格的管制是金融工具价格扭曲的主要原因，由于利率管制，利率不能真实反映资金的供求关系，导致市场利率水平高于国家法定利率水平，体现在同业拆借利率和债券市场发行利率较高，2013年银行间人民币市场同业拆借月加权平均利率4.16%，质押式债券回购月加权平均利率4.28%，远远高于人民币活期利率0.35%，以及一年期定期存款利率3.00%，不符合资金市场运行规律，影响了市场机制在资源配置中决定性作用的发挥。三是证交所债券市场和银行间债券市场两大债券交易市场体系的内部割裂。两大债券市场参与的主体不同以及两交易系统依托的交易网络不同、采用的报价方式不同、债券开户托管和结算方式不同，人为造成市场分割。黄金老（2003）认为，由于目前央行的公开市场业务操作依托的是银行间债券市场，两大债券市场人为壁垒，致使中央银行货币政策传导路径相对单一，纵向渠道延长，导致货币政策传导效应的衰减率上升，货币政策的时滞增大。

7.2.3 金融结构的影响

我国金融体系运行效率低下的原因主要是结构性不合理，甚至扭曲，主要表现在以下方面：

7.2.3.1 资本市场的结构不合理

（1）资本市场内部种类结构失衡，股票市场和债券市场发展不均衡。股票市场内部，发行市场准入门槛太高，发行规则不合理；流通市场关联交易突出，场内场外两个市场重视程度不一；流通股与非流通股比例严重失衡。债券市场结构单一，国债市场一家独大，政策性金融债券比例过高，地方政府和企业债券以及短期债券遇冷。

（2）货币市场工具与资本市场工具结构不合理。资本市场工具相对丰富，货币市场工具相对短缺。企业直接发行票据渠道不畅，商业票据和短期债券发行规模小，企业直接融资困难，满足不了日常短期的流动性需求。

（3）我国股权市场在结构上已经发展得比较完善，有主板、中小板、创业板和三板市场，而国际板市场、衍生品市场、基金市场、国债期货市场等未发展或者发展不足。曹凤岐（2013）认为我国资本市场结构的不合理导致企业融资渠道单一，不能形成融资的多元化，不利于经济的发展。

7.2.3.2 企业融资结构不合理

直接融资与间接融资结构不合理，内部融资与外部融资结构失调，股权融资与债券融资结构比例不当。我国2012年全社会融资规模15.76万亿元，企业债券净融资2.25万亿元，占社会融资总规模的14.3%，未贴现的银行承兑汇票增加1.05万亿元，占社会融资总规模的6.7%，而非金融企业境内股票融资2 508亿元，占同期社会融资规模的1.6%[①]；从国际对比来看，2012年，美国直接融资占总融资额的89.7%，日本是40%多，欧元区76.7%[②]，而我国直接融资占比仅为15.9%。从以上数据可以看出，直接融资远远低于间接融资，银行信贷成为社会融资规模的主渠道；股权融资远远低于债券

---

① 中国人民银行，2012年社会融资规模统计数据报告，http：//www. pbc. gov. cn/publish/goutongjiaoliu/524/2013/20130109165102866350983/2013010916510286635098 3_ . html。

② 金融资产结构不合理催生证券业巨大发展空间，金融时报，2013年4月15日，http：//www. financialnews. com. cn/jj/gd_ 122/201304/t20130415_ 30707. html。

融资，股票市场和债券市场畸形发展；外部融资远远高于内部融资，直接加重企业的融资成本。

7.2.4 居民的财富效应和流动性效应

根据生命周期假说理论，个人在生命周期内将跨期平滑消费，在工作期内将进行储蓄和投资以备退休之需，由于我国历史和文化原因以及社会保障、教育投资等的特殊性，出现了非常高的储蓄率，因此即使在财富增加的情况下用于消费支出的仍然很少，更为严重的是，我国出现严重的社会财富两极分化，强者恒强，弱者更弱，居民贫富悬殊差距拉大。国家统计局公布了 2013 年我国居民收入基尼系数为 0.473，已超过了国际上公认的 0.4 的贫富差距警戒线，由于社会财富主要集中在高收入家庭，通过财富效应刺激消费需求的边际效应呈递减趋势。同时，尽管我国经济一直保持增长，但居民通过股市获得的收益却在下降，据 2013 年底重庆商报调查显示，2013 年度超过一半的股民处于亏损状态，其中亏损 20% 左右的股民比例约为 30%，约 40% 的股民处于略微盈利或保本状态，盈利 30% 以上的股民不到 10%，而大赚 50% 以上的为极少数。这样，我国股市的财富增值主要集中在少数人和机构手中，增加的财富不能转化为消费，资本市场的财富效应和流动性效应对消费的刺激不明显。

7.3 国内外资产价格传导机制的影响分析：相关文献

在成熟的证券市场，货币政策通过资产价格传导，调节证券市场的资源配置，影响企业和社会公众的投资与消费决策，进而影响实体经济的发展，因此对资产价格传导机制的研究，成为货币政策研究方兴未艾的热点。

Smets（1997）认为中央银行货币政策的实施能够通过资产价格影响实体经济的运行，资产价格的变化就应该得到中央银行的关注，并适时作出反应。Borio 和 Lower（2002）认为货币政策不应该盯住通货膨胀，否则将导致金融结构失衡。Sprinkel（1964）最早研究货币供应量与股市的关系，通过美国 1918—1963 年的数据，研究了货币供应量对股市的影响，发现货币供应量的峰值与股价变化相差 15 个月，在谷底时领先牛市 2 个月。Campbell 和 Kyle（1988）认为货币供应量的变化将导致利率的变化，并通过股票分红预期、折扣率估计及风险估价等因素影响股价波动。资产价格传导路径方面，Chen（2001）认为在货币政策传导中商业银行对资产价格的变动起到重要作用，银行贷款额度不仅受个人财富或企业资产负债表的约束，还要受商业银行自有资本的限制，在信息不对称条件下，商业银行贷款额是银行总资产和借款人财富的函数，中央银行货币政策的实施通过商业银行扩大到资产价格。K. Case 等（2001）利用美国等 14 个国家 1975—1996 年的数据对消费、股票财富、住宅财富等进行分析，发现股票市场的财富效应较弱，而住宅市场的财富效应是股票财富效应的两倍。

在货币政策是否需要考虑资产价格方面，Greenspan 在 2000 年美国货币政策报告中认为中央银行不能有效预测和判断资产泡沫，资产价格不应被纳入货币政策目标。而 Bernanke 和 Gertler（1999，2001）认为货币政策应当关注资产价格变动，在通货膨胀目标制框架下，货币政策对资产价格关注的程度，仅限于应对资产价格对通货膨胀预期的影响；Alchian 和 Klein（1973）、Goodhart（2002）认为应将包括资产价格在内的广义价格指数作为货币政策的目标。2010 年 3 月 Greenspan 在华盛顿布鲁金斯学会发表题为 "The Crisis" 的论文反思金融危机，认为货币政策制定应考虑资产价格。

在国内研究方面，我国专家学者主要针对资产价格传导的有效性、中央银行在实施货币政策时是否要关注资产价格等进行讨论。何国华、黄明皓（2009），马辉（2009），高山（2011）等认为货币供应量的变动很难引起资产价格的变动，货币政策资产价格传导渠道有效性很低。姚婉婷（2013）认为尽管货币政策的操作降低了对资产价格传导的有效性，但资产价格可以通过财富效应、托宾 Q 效应以及资产负债表效应等渠道对实体经济产生影响，其在货币政策传导过程中发挥的作用越来越重要。中国人民银行研究局（2002）

认为，中国股票市场已成为货币政策传导的一个组成部分。易纲、王召（2002）认为，货币政策对资产价格特别是股票价格有影响。张敏、王萍（2011）认为，如果以资产价格为货币目标，不管是汇率、房地产价格还是股票市场价格，很可能会损害货币政策效果，损害中央银行的独立性。黄文华等（2010）通过实证分析发现，我国的资产价格（房价和股价）对消费的影响很小，而在投资方面，房价对投资的影响远大于股价对投资的影响，表明资产价格通过投资对实体经济产生了一定程度的影响。货币政策对房价的影响，以及货币政策通过房价传导到消费、投资和通货膨胀等宏观经济变量的效应都要明显大于股价。傅玮韡（2013）认为我国股票市场和房地产市场只存在非常微弱的反向自调机制，股票价格和房地产价格的波动对实体经济的影响总体上都较小，但是从长期来看，股票价格波动对实体经济的影响大于房地产价格波动。

林毅夫（2008）指出，货币政策不应该只针对 CPI，而是应该要包括股市和房地产市场的资产价格。盛松成（2010）表示，随着我国股票市场和房地产市场的发展，房地产和股票已成为我国居民个人财产的重要组成部分，资产价格变化影响居民消费、投资的财富效应越来越明显，资产价格理应成为我国货币政策决策需要考虑的重要变量。苏宁（2009）指出，中央银行要重视资产价格变化，建立起新的流动性补充机制，防范和化解新的金融危机。

7.4　人口老龄化对货币政策资产价格传导机制影响的作用机理

1531 年，世界上最早的证券交易所在荷兰安特卫普成立后，资本市场便在艰难与曲折中不断地发展与完善，并逐渐成为成熟市场经济体的显著特征。随着欧美等主要发达国家进入老龄化社会，老龄化对资本市场的影响得到专家学者的普遍关注。因此，在人口老龄化对货币政策传导机制影响的研究中，以人口老龄化对资产价格影响的研究最为充分。

Poterba（2001）实证研究了资本价格和人口年龄结构的关系，构建了一个关系模型：pK = NyS（p 为单位资本的价格，K 为资本的供给，Ny 表示年轻人群的数量，S 为储蓄率），认为当处于生育高峰出生的人口进入工作时期，将导致资产价格的上涨；当该段年龄人口进入退休时期，资产价格就会进入下跌趋势。Abel（2001）在 Poterba 模型的基础上构建了一个包括可变的资本供应和遗产动机变量的二代交叠模型，研究发现当处于生育高峰出生的人口进入退休阶段，遗产动机不是资产价格下降的主要原因，即使引入资本供给变量也不能阻止资本价格的下跌趋势。Brooks（2002）发现，老年人更愿意持有风险较低的债券而不是收益可能更高的股票，退休人群无再生产能力，跨期消费的特征使其更倾向于持有无风险资产。Geanakoplos、Magill 和 Quinzii（2002）研究美国股市与人口生育高峰的时间关系，发现美国股票市场经历的三个牛熊交替时期与人口生育的高峰低谷时段大致重合。但 Poterba（2001，2004）却不这样认为，他实证研究了美国人口老龄化和美国股票、债券和国库券之间的数量关系，发现处于生育高峰出生的人口进入退休年龄后，并不会跨期消费所有的个人财富，也不会将所持有的高风险的证券资产全部变现或者转为无风险资产，因此资产的价格不会因该段年龄人口退休而显著下降。

在国内研究中，主要集中在人口老龄化与资产价格波动之间的关联度和影响方面。沈继伦（2013）认为，人口老龄化与股票价格及其收益率之间存在弱的负相关关系。赵建（2012）阐释了人口结构与资产价格关系的作用机理，在 OLG 框架下结合价格调整模型，构建了一个非均衡的资产价格模型，并进行了数值模拟，结果表明人口年龄结构与资产供给结构有直接的线性关系，人口老龄化会带来资产供需的严重失衡，与老龄人口相对应的是资产供给的增加，与年轻人口相对应的是资产需求的增加，老龄人口的增加将导致资产的需求小于资产的供给，实际资产价格将步入下降通道。杜本峰（2007）认为，整个社会的老龄化，将使对有价证券的投资比例大幅度降低，最终会导致资本市场的资金外流甚至短缺。金剑峰等（2013）认为，人口老龄化不仅使得社会财富向老龄人口流动，侵占了更多的社会资源，而且日益加重的抚养负担挤占了家庭可支配的收入，使得住房购买力整体下降。张昭、陈兀梧（2009）认为，人口老龄化将降低全社会购房支出的比例，老年养护支出对商品住宅需求将产生"挤出效应"。

综上所述，从理论上分析，人口老龄化将会导致金融资产需求结构的变化，人口老龄化通过货币政策的传导机制，将引起股票、房地产等资产价格下降，资产价格下降后通过托宾"Q"理论、资产负债表、财富效应和流动性效应等渠道影响企业和社会公众的投资消费预期，从而影响社会总产出和总需求。

7.5 人口老龄化对货币政策资产价格传导机制影响的实证分析

7.5.1 变量选择

根据人口老龄化对我国货币政策资产价格传导机制影响的作用机理分析可以看出，人口老龄化影响资产价格传导机制的主要渠道为：人口老龄化→货币供应量→资产价格→投资与消费→社会总产出。因此，在分析人口老龄化对货币政策资产价格传导机制的影响时，需要选取的变量应该包括人口老龄化、货币供应量、资产价格、消费和经济增长。

在资产价格指标的选择上，选取狭义资产价格即股票价格和房地产价格指标。我国证券市场是资本市场的主体，因此选择股票价格来反映资本市场的资产价格。反映股票的价格指标很多，同时我国有沪深两个交易市场，选择单独的股票指数如上证综指或深圳成指来衡量股票价格的波动，会因两地指数涨跌的高度关联性容易造成模型分析中的多重共线问题，影响模型构建，且不易从总体上进行把握，因此选择沪深股市股票市价总值这个指标作为股票价格波动的变量。

我国自住房分配货币化改革以来，房地产市场蓬勃发展，已成为各级政府和社会公众关注的焦点。反映房地产价格的指数有投资类、消费类等指标体系，本文选取房屋销售价格指数（HP）作为房地产价格指数的变量。房屋销售价格指数是反映一定时期房屋销售价格变动程度和变化趋势的相对数，包括商品房、公有房屋和私有房屋等各大类房屋销售价格的变动情况。房屋销售价格指数与其他类指标相比，具有同质性和可比性优点，指标的内涵排除了房屋质量、建筑结构、地理位置、销售结构等个性因素的影响。

反映人口老龄化、货币供应量、消费、投资和经济增长的指标前面章节已作介绍。

从数据来源来看，沪深股市股票市价总值（V）的数据来源于中国人民银行网站，房屋销售价格指数（HP）的数据来源于国家统计局网站。所有数据均为 2002 年 1 月至 2012 年 12 月的月度数据。

7.5.2　数据处理与检验

在本节的计量检验中，重点分析沪深股市股票市价总值（V）、房屋销售价格指数（HP）、货币供应量（LNM2）、老年抚养比（ODR）、居民消费价格指数（CPI）和经济增长（GDP）之间的关系。在模型构建之前，首先要检验各个变量的平稳性，检验结果如表 7-1、表 7-2 所示（货币供应量、老年抚养比、经济增长的平稳性检验已在第四章进行，居民消费价格指数的平稳性检验已在第五章进行）。从表 7-1、表 7-2 的检验结果可以看出，各个变量都是水平不平稳，但是一阶差分是平稳的，因此可以建立 VAR 模型并进行协整分析。

表 7-1　　　　　　　　　　V 的平稳性检验结果

Null Hypothesis：D（V）has a unit root			
Exogenous：Constant			
Lag Length：5（Automatic based on SIC，MAXLAG=12）			
		t-Statistic	Prob. *
Augmented Dickey-Fuller test statistic		-4.037 29	0.001 8
Test critical values：	1% level	-3.487 05	
	5% level	-2.886 29	
	10% level	-2.580 05	

表 7-2 HP 的平稳性检验结果

Null Hypothesis：D（HP）has a unit root			
Exogenous：Constant			
Lag Length：0（Automatic based on SIC，MAXLAG＝12）			
		t-Statistic	Prob. ＊
Augmented Dickey-Fuller test statistic		−3. 351 8	0. 014 7
Test critical values：	1% level	−3. 484 65	
	5% level	−2. 885 25	
	10% level	−2. 579 49	

7.5.3 VAR 模型的建立和最优滞后期的选取

本文建立动态的 VAR 模型作进一步检验，并采用极大似然法进行估计。基本模型表述如下：

$$V_t = \alpha_0 + \sum_{i=1}^{n} \alpha_{1i} LNM2_{t-i} + \sum_{i=1}^{n} \alpha_{2i} ODR_{t-i} + \sum_{i=1}^{n} \alpha_{3i} GPD_{t-i} + \sum_{i=1}^{n} \alpha_{4i} CPI_{t-i} + \xi_{1t}$$

$$LNM2_t = \beta_0 + \sum_{i=1}^{n} \beta_{1i} V_{t-i} + \sum_{i=1}^{n} \beta_{2i} ODR_{t-i} + \sum_{i=1}^{n} \beta_{3i} GPD_{t-i} + \sum_{i=1}^{n} \beta_{4i} CPI_{t-i} + \xi_{2t}$$

$$ODR_t = \theta_0 + \sum_{i=1}^{n} \theta_{1i} LNM2_{t-i} + \sum_{i=1}^{n} \theta_{2i} V_{t-i} + \sum_{i=1}^{n} \theta_{3i} GPD_{t-i} + \sum_{i=1}^{n} \theta_{4i} CPI_{t-i} + \xi_{3t}$$

$$GPD_t = \rho_0 + \sum_{i=1}^{n} \rho_{1i} LNM2_{t-i} + \sum_{i=1}^{n} \rho_{2i} ODR_{t-i} + \sum_{i=1}^{n} \rho_{3i} Vp_{t-i} + \sum_{i=1}^{n} \rho_{4i} CPI_{t-i} + \xi_{4t}$$

$$CPI_t = \lambda_0 + \sum_{i=1}^{n} \lambda_{1i} LNM2_{t-i} + \sum_{i=1}^{n} \lambda_{2i} ODR_{t-i} + \sum_{i=1}^{n} \lambda_{3i} GPD_{t-i} + \sum_{i=1}^{n} \lambda_{4i} V_{t-i} + \xi_{5t}$$

以上是以沪深股市股票市价总值作为衡量我国资产价格的指标，

下面再建立以房屋销售价格指数为指标的模型方程：

$$HP_t = \alpha_0 + \sum_{i=1}^{n} \alpha_{1i}LNM2_{t-i} + \sum_{i=1}^{n} \alpha_{2i}ODR_{t-i} + \sum_{i=1}^{n} \alpha_{3i}GPD_{t-i} +$$

$$\sum_{i=1}^{n} \alpha_{4i}CPI_{t-i} + \xi_{1t}$$

$$LNM2_t = \beta_0 + \sum_{i=1}^{n} \beta_{1i}HP_{t-i} + \sum_{i=1}^{n} \beta_{2i}ODR_{t-i} + \sum_{i=1}^{n} \beta_{3i}GPD_{t-i} +$$

$$\sum_{i=1}^{n} \beta_{4i}CPI_{t-i} + \xi_{2t}$$

$$ODR_t = \theta_0 + \sum_{i=1}^{n} \theta_{1i}LNM2_{t-i} + \sum_{i=1}^{n} \theta_{2i}HP_{t-i} + \sum_{i=1}^{n} \theta_{3i}GPD_{t-i} +$$

$$\sum_{i=1}^{n} \theta_{4i}CPI_{t-i} + \xi_{3t}$$

$$GPD_t = \rho_0 + \sum_{i=1}^{n} \rho_{1i}LNM2_{t-i} + \sum_{i=1}^{n} \rho_{2i}ODR_{t-i} + \sum_{i=1}^{n} \rho_{3i}HP_{t-i} +$$

$$\sum_{i=1}^{n} \rho_{4i}CPI_{t-i} + \xi_{4t}$$

$$CPI_t = \lambda_0 + \sum_{i=1}^{n} \lambda_{1i}LNM2_{t-i} + \sum_{i=1}^{n} \lambda_{2i}ODR_{t-i} + \sum_{i=1}^{n} \lambda_{3i}GPD_{t-i} +$$

$$\sum_{i=1}^{n} \lambda_{4i}HP_{t-i} + \xi_{5t}$$

式中 i 为变量的滞后期数，可由 LR、FPE、AIC、SC、HQ（见表7-3）等信息准则进行判定。根据判定结果，本文首先对以股票市价总值为资产价格代理变量的基本方程组进行分析，此时选取的最优滞后期数为 i = 2，此时的 LM 检验显示残差不存在自相关，White 检验表明不存在异方差，J-B 检验表明满足正态分布要求。

表 7-3   最优滞后期的选取

Lag	LogL	LR	FPE	AIC	SC	HQ
0	-1 882. 577	NA	93 647 851	32. 544 44	32. 663 12	32. 592 62
1	-743. 451 7	2 160. 411	0. 425 9	13. 335 37	14. 047 51 *	13. 624 46
2	-688. 420 1	99. 626 17 *	0. 254 376 *	12. 817 59 *	14. 123 17	13. 347 58 *
3	-671. 458 7	29. 243 74	0. 293 948	12. 956 18	14. 855 21	13. 727 08
4	-660. 412 8	18. 092 48	0. 378 16	13. 196 77	15. 689 25	14. 208 57
5	-642. 347 9	28. 031 71	0. 434 163	13. 316 34	16. 402 26	14. 569 05

VAR 模型的检验结果如表 7-4 所示。从变量滞后项的显著性来看，就被解释变量 V 而言，受其自身的滞后 1 期的影响较为明显；受 LNM2 的滞后 1 期影响较为明显；受 ODR、GDP、CPI 滞后项的影响不明显；就被解释变量 LNM2 而言，受其自身项和 CPI 滞后 1 期、2 期影响都较明显；受 V、GDP、ODR 的滞后项影响并不明显。

由此可见：

（1）ODR 对 V 的影响很小，说明人口老龄化对沪深股市资产价格的影响微弱。

（2）LNM2 对 V 滞后 2 期有影响，对 GDP、CPI 滞后项的影响不明显，说明货币供应量的增减对沪深股市资产价格影响显著，但对消费和经济增长影响不明显。

（3）V 对 LNM2 的滞后 1 期影响较为明显，受 GDP、CPI 滞后项的影响不明显，说明我国我国股票市场价格传导机制受阻。

表 7-4　　　　　　　　　　VAR 模型的计量结果

	V	LNM2	ODR	CPI	GDP
V（−1）	0.903 919	9.77E−08	6.54E−08	−2.67E−06	1.25E−06
	[9.634 39]	[1.607 14]	[0.715 17]	[−0.688 61]	[0.670 14]
V（−2）	0.063 263	−8.15E−08	−3.64E−08	7.58E−06	−2.01E−06
	[0.654 10]	[−1.299 53]	[−0.386 41]	[1.896 16]	[−1.048 54]
LNM2（−1）	238 331.2	0.832 266	−0.110 789	−4.278 639	−0.854 125
	[1.676 24]	[9.032 37]	[−0.799 82]	[−0.728 20]	[−0.302 99]
LNM2（−2）	−226 555.5	0.168 848	0.121 511	3.473 923	1.302 499
	[−1.585 00]	[1.822 79]	[0.872 59]	[0.588 12]	[0.459 60]
ODR（−1）	−23 431.42	0.070 088	1.500 674	−5.564 3	1.971 486
	[−0.276 82]	[1.277 69]	[18.198 0]	[−1.590 73]	[1.174 74]
ODR（−2）	23 086.31	−0.072 132	−0.506 295	5.932 185	−2.301 305
	[0.269 43]	[−1.298 98]	[−6.065 06]	[1.675 31]	[−1.354 62]
CPI（−1）	769.358 8	−0.004 386	0.000 554	0.920 933	0.083 458
	[0.347 69]	[−3.058 36]	[0.257 01]	[10.071 3]	[1.902 34]
CPI（−2）	−3 074.611	0.003 356	−0.000 824	−0.072 12	−0.086 987
	[−1.477 39]	[2.488 58]	[−0.406 21]	[−0.838 60]	[−2.108 20]
GDP（−1）	801.887	−0.003 919	−0.004 905	0.417 021	1.480 373
	[0.202 52]	[−1.527 40]	[−1.271 61]	[2.548 65]	[18.857 6]

表4-7（续）

	V	LNM2	ODR	CPI	GDP
GDP （-2）	1 892.627	0.003 854	0.003 887	-0.274 52	-0.525 159
	［0.462 65]	［1.453 74]	［0.975 40]	［-1.623 86]	［-6.474 82]
C	64 145.73	0.128 07	-0.027 873	19.722 41	-1.116 062
	［0.538 26]	［1.658 28]	［-0.240 07]	［4.004 77]	［-0.472 35]

7.5.4　Johansen（约翰逊）协整分析

根据特征根迹检验（trace）（见表7-5）和最大特征值检验（Maximum Eigenvalue）（见表7-6）的结果在5%的显著性水平下，各个变量之间并不存在协整关系。

表7-5　　　　　　　迹检验结果

Unrestricted Cointegration Rank Test（Trace）				
Hypothesized		Trace	0.05	
No. of CE（s）	Eigenvalue	Statistic	Critical Value	Prob.
None	0.228 556	66.517 99	69.818 89	0.089 1
None	0.131 307	34.860 05	47.856 13	0.455 4
At most 1	0.082 067	17.686 59	29.797 07	0.589 3
At most 2	0.056 713	7.239 585	15.494 71	0.55
At most 3	0.000 955	0.116 614	3.841 466	0.732 7
At most 4	0.228 556	66.517 99	69.818 89	0.089 1

表7-6　　　　　　　最大特征检验结果

Unrestricted Cointegration Rank Test（Maximum Eigenvalue）				
Hypothesized		Max-Eigen	0.05	
No. of CE（s）	Eigenvalue	Statistic	Critical Value	Prob.
None	0.228 556	31.657 94	33.876 87	0.089 9
At most 1	0.131 307	17.173 46	27.584 34	0.565 1
At most 2	0.082 067	10.447 01	21.131 62	0.701 9
At most 3	0.056 713	7.122 971	14.264 6	0.474 7
At most 4	0.000 955	0.116 614	3.841 466	0.732 7
None	0.228 556	31.657 94	33.876 87	0.089 9

接下来，再分析以房屋销售价格指数为资产价格的情况，根据

判定结果，此时选取的最优滞后期数也为 i = 2（见表 7-7），此时的 LM 检验显示残差不存在自相关，J-B 检验表明满足正态分布要求，White 检验表明不存在异方差。

表 7-7　　　　　　　　最优滞后期的选取

Lag	LogL	LR	FPE	AIC	SC	HQ
0	-1 152. 418	NA	319. 292 5	19. 955 49	20. 074 18	20. 003 67
1	31. 254 55	2 244. 897	6. 74E-07	-0. 021 63	0. 690 505	0. 267 456
2	156. 589 1	226. 898 7 *	1. 20e-07 *	-1. 751 536 *	-0. 445 954 *	-1. 221 544 *
3	171. 836 5	26. 288 57	1. 42E-07	-1. 583 387	0. 315 641	-0. 812 49
4	184. 699 7	21. 069 14	1. 78E-07	-1. 374 133	1. 118 341	-0. 362 33
5	203. 777 1	29. 602 9	2. 00E-07	-1. 272 02	1. 813 9	-0. 019 31

　　从此时的 VAR 系统来看（见表 7-8），就被解释变量 HP 而言，受其自身的滞后 1 期、2 期的影响非常明显；受 CPI 变量滞后 1、2 期影响也较为明显；而受其他变量滞后项的影响不明显；就被解释变量 LNM2 而言，与 HP 情况相同，受其自身和 CPI 滞后 1 期、2 期影响较为明显；受其他变量的滞后项影响并不明显。

表 7-8　　　　　　　　VAR 模型的计量结果

	HP	LNM2	ODR	CPI	GDP
HP （-1）	1. 792 991	-6. 57E-06	-0. 000 119	-0. 011 258	-0. 001 995
	[32. 448 2]	[-0. 133 22]	[-1. 640 67]	[-3. 715 42]	[-1. 337 45]
HP （-2）	-0. 849 735	1. 50E-05	0. 000 138	0. 009 088	0. 002 078
	[-15. 314 0]	[0. 302 14]	[1. 895 54]	[2. 986 90]	[1. 387 01]
LNM2 （-1）	157. 387 8	0. 821 897	-0. 135 871	-3. 084 846	-1. 348 333
	[1. 502 79]	[8. 799 25]	[-0. 991 43]	[-0. 537 17]	[-0. 476 87]
LNM2 （-2）	-37. 549 16	0. 164 958	0. 116 376	7. 777 359	1. 644 329
	[-0. 350 83]	[1. 728 12]	[0. 830 94]	[1. 325 20]	[0. 569 06]
ODR （-1）	0. 884 077	0. 072 226	1. 487 2	-4. 575 882	1. 290 436
	[0. 014 25]	[1. 305 13]	[18. 316 4]	[-1. 344 89]	[0. 770 32]
ODR （-2）	2. 090 717	-0. 075 377	-0. 498 322	4. 909 633	-1. 714 095
	[0. 033 39]	[-1. 349 80]	[-6. 082 05]	[1. 429 98]	[-1. 014 00]

表7-8(续)

		HP	LNM2	ODR	CPI	GDP
CPI (−1)		−2.908 509	−0.003 736	0.001 633	0.934 645	0.068 429
		[−1.808 41]	[−2.604 76]	[0.775 72]	[10.598 0]	[1.575 94]
CPI (−2)		3.118 173	0.002 82	−0.001 131	−0.040 384	−0.076 366
		[2.046 97]	[2.075 72]	[−0.567 38]	[−0.483 47]	[−1.856 88]
GDP (−1)		3.919 322	−0.003 788	−0.006 818	0.225 273	1.457 503
		[1.298 77]	[−1.407 60]	[−1.726 57]	[1.361 39]	[17.889 7]
GDP (−2)		−4.963 673	0.003 949	0.005 403	−0.176 287	−0.508 351
		[−1.623 41]	[1.448 06]	[1.350 32]	[−1.051 47]	[−6.158 29]
C		−1 355.552	0.279 315	0.280 813	−44.657 84	2.074 866
		[−4.500 94]	[1.039 88]	[0.712 55]	[−2.704 18]	[0.255 18]

由此可见：ODR 对 HP 和 LNM2 的动态影响并不显著，与之前的分析结论相同，说明人口老龄化对房地产价格的影响微弱。并且特征根迹检验（Trace）（见表 7-9）和最大特征值检验（Maximum Eigenvalue）（见表 7-10）的结果在 5% 的显著性水平下，各个变量也不存在协整关系。

表 7-9　　　　　　特征根迹检验结果

Unrestricted Cointegration Rank Test (Trace)				
Hypothesized		Trace	0.05	
No. of CE (s)	Eigenvalue	Statistic	Critical Value	Prob.
None	0.208 114	69.503 94	69.818 89	0.052 9
None	0.130 289	41.036 76	47.856 13	0.187 5
At most 1	0.105 626	24.006 27	29.797 07	0.200 2
At most 2	0.081 535	10.387 29	15.494 71	0.252 1
At most 3	9.02E−05	0.011 003	3.841 466	0.916 2
At most 4	0.208 114	69.503 94	69.818 89	0.052 9

Unrestricted Cointegration Rank Test (Maximum Eigenvalue)				
Hypothesized		Max-Eigen	0. 05	
No. of CE (s)	Eigenvalue	Statistic	Critical Value	Prob.
None	0. 208 114	28. 467 18	33. 876 87	0. 192 8
At most 1	0. 130 289	17. 030 49	27. 584 34	0. 577 3
At most 2	0. 105 626	13. 618 98	21. 131 62	0. 397 1
At most 3	0. 081 535	10. 376 29	14. 264 6	0. 188 4
At most 4	9. 02E-05	0. 011 003	3. 841 466	0. 916 2
None	0. 208 114	28. 467 18	33. 876 87	0. 192 8

7.5.5 Granger（格兰杰）因果关系检验

Granger 因果关系检验的结果如表 7-11 所示。表 7-11 显示了股票资产价格的结果，显示了 V 在除之后 2 期外，其他滞后期内都成为 CPI 变动原因；除此之外，各个变量之间的因果关系并不显著。表 7-12 显示了房地产价格的结果，显示了 LNM2 在除之后 1 期外，其他滞后期内都是 HP 变动原因；HP 在除滞后 1 期外，其他各期是 CPI 变动原因。除此之外，各个变量之间的因果关系并不显著。

表 7-11   格兰杰因果关系检验（V 情况）

	V 不是 LNM2 原因	LNM2 不是 V 原因	CPI 不是 V 原因	V 不是 CPI 原因	V 不是 GDP 原因	GDP 不是 V 原因	V 不是 ODR 原因	ODR 不是 V 原因
1	0. 802	0. 093	0. 054	0. 049	0. 023	0. 321	0. 189	0. 343
2	0. 367	0. 045	0. 068	0. 138	0. 157	0. 558	0. 522	0. 571
3	0. 265	0. 070	0. 289	0. 011	0. 266	0. 482	0. 744	0. 478
4	0. 395	0. 092	0. 585	0. 022	0. 273	0. 574	0. 878	0. 402
5	0. 436	0. 024	0. 786	0. 023	0. 065	0. 698	0. 636	0. 176
6	0. 329	0. 016	0. 795	0. 007	0. 095	0. 667	0. 669	0. 109
7	0. 339	0. 122	0. 838	0. 007	0. 080	0. 324	0. 735	0. 373

表7-11（续）

	V 不是 LNM2 原因	LNM2 不是 V 原因	CPI 不是 V 原因	V 不是 CPI 原因	V 不是 GDP 原因	GDP 不是 V 原因	V 不是 ODR 原因	ODR 不是 V 原因
8	0.352	0.146	0.699	0.011	0.126	0.182	0.640	0.447
9	0.492	0.156	0.797	0.004	0.009	0.195	0.727	0.502
10	0.435	0.273	0.887	0.002	0.004	0.042	0.831	0.677
11	0.363	0.362	0.937	0.005	0.001	0.073	0.886	0.801
12	0.157	0.600	0.966	0.000	0.003	0.059	0.937	0.495

表 7-12　　　格兰杰因果关系检验（HP 情况）

	HP 不是 LNM2 原因	LNM2 不是 HP 原因	CPI 不是 HP 原因	HP 不是 CPI 原因	HP 不是 GDP 原因	GDP 不是 HP 原因	HP 不是 ODR 原因	ODR 不是 HP 原因
1	0.034	0.226	0.084	0.995	0.069	0.147	0.711	0.738
2	0.088	0.000	0.163	0.000	0.196	0.759	0.311	0.522
3	0.057	0.000	0.189	0.002	0.255	0.643	0.446	0.589
4	0.072	0.000	0.160	0.005	0.260	0.798	0.580	0.725
5	0.180	0.000	0.158	0.012	0.438	0.903	0.732	0.829
6	0.286	0.001	0.078	0.024	0.551	0.894	0.711	0.943
7	0.254	0.001	0.061	0.054	0.695	0.842	0.751	0.961
8	0.350	0.004	0.111	0.045	0.782	0.776	0.562	0.993
9	0.529	0.007	0.165	0.040	0.835	0.799	0.715	0.997
10	0.309	0.007	0.314	0.039	0.866	0.428	0.782	0.995
11	0.283	0.017	0.275	0.042	0.916	0.385	0.765	0.996
12	0.323	0.046	0.245	0.017	0.943	0.231	0.704	1.000

7.5.6　小结

通过 2002—2012 年月度宏观经济数据对我国人口老龄化对货币政策资产价格传导机制进行实证分析，结果表明：

（1）人口老龄化对货币政策资产价格传导机制影响微弱。

（2）中央银行通过制定扩张或者紧缩性货币政策，通过货币供应量能传导到股票市场和房地产市场，房地产价格能引起消费的显著变化，并对经济增长产生影响，但不能通过股票市场传导到消费市场并促进经济增长。我国资产价格传导机制有一定效果，其中货币政策通过房价传导到消费的效果明显强于股票市场价格，说明通过提高股票价格来拉动经济增长是不切实际的。

8 结论与政策建议

书稿从对人口老龄化、老年人口的金融行为分析、人口老龄化与金融创新和金融风险、货币政策传导机制等问题的讨论开始，分别研究了人口老龄化对货币政策利率传导机制、信贷传导机制、汇率传导机制以及资产价格传导机制的影响，并从计量实证的角度进行了检验和推导。下面分别予以总结，并结合我国对货币政策传导机制的改革提出针对性的政策建议。

8.1 研究结论

随着我国老龄化社会的推进，人口老龄化成为倒逼金融业实施金融创新的重要因素。由于我国老年人较强的储蓄倾向、理性的投资消费行为以及家庭内部资源的代际转移弱化趋势，老年人口表现出的独特的金融行为特征，催生出我国金融业特殊的金融创新。一是银行业务创新方面，开发适合老年人特点的金融产品以满足老年人的金融偏好，推进银行产品与保险产品的结合、与信托产品的结合以及与中间业务的结合，实现老年人老有所靠、老有所为。二是保险业务创新方面，增加老年护理保险业务，包括法定护理保险和商业护理保险，推行住房反向抵押贷款，推行年金制，实现老年人老有所依、老有所养。

人口老龄化的金融风险主要表现为金融体系外在影响的金融风险，人口老龄化作为一个渐进过程，不是造成金融风险的核心因素，而是在金融活动中因人口老龄化带来的不利影响可能对金融业造成的潜在损失或者不利趋势，主要表现在金融资源在老龄化的配置过程中对货币政策传导机制产生的影响和风险，其根源在于经济主体的内在机制和金融本身的脆弱性，不仅可能通过货币市场、资本市场引发金融动荡，还可能通过养老保险的制度安排引发金融风险。

关于人口老龄化对货币政策利率传导机制的影响方面。梳理了货币政策利率传导机制的主要理论即货币数量论、凯恩斯主义的 IS-LM 模型以及货币主义学派利率传导理论，分析了利率传导机制作用于市场主体的经济行为和我国利率传导机制的体系与特征，并就货币政策的利率传导机制嵌入人口年龄结构的影响进行了文献回顾，采用 2002—2012 年人口老龄化、货币供应量、利率、消费和经济增长等变量指标进行实证研究，结果表明人口老龄化对货币政策利率传导机制有一定的影响，但效果不显著；中央银行通过制定扩张或者紧缩性货币政策，将引起市场利率的变化，但市场利率的变化不能引起投资和消费的显著变化，因而对经济发展的影响不明显，利率传导机制在我国有一定实效，但不显著。

关于人口老龄化对货币政策信贷传导机制的影响方面。厘清了货币政策信贷传导机制的发展脉络和理论基础，分析了信贷渠道传导货币政策的主要途径，对人口老龄化对我国货币政策信贷传导渠道的影响机制进行了探讨，采用 2002—2012 年人口老龄化、财政赤字、货币供应量、通货膨胀、银行贷款和经济增长等变量指标实证分析了人口老龄化对我国货币政策的信贷传导影响，研究表明我国人口老龄化对货币政策信贷传导机制有效，我国货币政策信贷传导机制是货币政策传导的主渠道。

关于人口老龄化对货币政策汇率传导机制的影响方面。分析了货币政策汇率传导机制的主要理论，包括购买力平价理论、利率平价理论和蒙代尔-弗莱明模型，介绍了成熟市场经济下的汇率传导机制，分析了我国当前汇率制度下的汇率传导机制，并梳理了影响国内外汇率传导机制的相关文献，分析了人口老龄化对货币政策汇率传导机制影响的作用机理，采用 2002—2012 年人口老龄化、货币供应量、人民币实际有效汇率、净出口和经济增长等变量指标进行实证研究，研究发现人口老龄化对货币政策汇率传导机制有一定的影响，但效果不显著，货币供应量的变化将很难引起实际有效汇率的变化，短期来看实际有效汇率的变化对净出口变化有影响，但对经济发展的长期影响不明显，说明我国汇率传导机制的有效性存在阻滞。

关于人口老龄化对货币政策资产价格传导机制的影响方面。介绍了货币政策资产价格传导机制的主要理论和资产价格的货币政策传导的美日经验，分析了我国资产价格传导机制的影响因素并就相关问题进行文献的梳理，分析了人口老龄化对货币政策资产价格传导机制影响的作用机理，采用 2002—2012 年人口老龄化、货币供应量、资产价格、消费和经济增长等变量指标进行实证研究，研究认为人口老龄化对货币政策资产价格传导机制影响微弱。中央银行通过制定扩张或者紧缩性货币政策，使货币供应量能传导到股票市场和房地产市场，而房地产价格能引起消费的显著变化，并对经济增长产生影响，但不能通过股票市场传导到消费市场并促进经济增长。我国资产价格传导机制有一定效果，其中货币政策通过房价传导到消费的效果明显强于股票市场价格。

8.2　政策建议

人口老龄化是一个长期的、持续的、不断累进的过程，不仅体现为一个自然的物理进程，还包涵了思想意识在内的社会属性，因此从长期来看，其对储蓄、投资、消费、产出以及货币政策目标、货币政策工具、货币政策传导机制等都体现出线性的不间断的影响，从而构成了对宏观经济调控和微观经济政策长期的冲击。因此，人口老龄化对货币政策是全方位全过程的影响。在国外，诸如 Miles（1999）、Bloom（2005）、CamPbell（2005）、Jacob Braude（2000）、Hagen 和 T. Fender（1998）、Smets（1997）、Abel（2001）、Brooks（2002）、Siegel（2005）、Mankiw Weil（1989）等众多经济学家从不同视角着重研究了人口老龄化对货币政策的影响。在国内，周小川（2004，2013）、林毅夫（2008）强调了要研究人口老龄化对货币政策传导机制影响，易纲（2002）、谢平（2007）、张杰（2006）等专家学者提及了人口老龄化对资产价格影响以及有关问题。

结合第一章的研究定位，第四至七章的实证分析和研究，现就人口老龄化影响下我国货币政策传导机制的改革发展等相关领域提出政策建议。

8.2.1 从理念到行动，打通人口老龄化对货币政策传导机制的影响路径

通过人口老龄化对货币政策传导机制影响的理论分析可以看出，人口老龄化作为一个深刻的社会现实，对货币政策传导机制的影响是毋庸置疑的，但从第四、第六和第七章的实证研究却得出影响不显著或者影响微弱的结论，这就需要业界和学界来共同研究探讨，找出症结，完善措施，积极主动应对人口老龄化的挑战，促进我国金融业的健康发展。

一方面，主观意识不到位，各级政府和行政主管部门，甚至包括普通民众，对人口老龄化对我国经济社会发展带来的挑战认识不深刻，这就必然导致应对措施缺位；另一方面，改革的统筹不到位，在部署改革方案，推进改革措施等方面，站在行业部门或者区域的角度思考问题，缺乏综合与统筹。第四章和第六章的实证研究得出了人口老龄化对利率传导机制和汇率传导机制的影响不显著的结论，同时利率传导机制和汇率传导机制本身内在的传导渠道也存在阻滞，分析其主要原因，就是我国的利率市场化和人民币汇率形成机制市场化问题。因此，要打通人口老龄化对利率和汇率传导机制的影响，必须疏浚利率和汇率传导渠道的阻塞，而影响我国利率和汇率传导机制的关键问题，就是利率市场化和人民币汇率形成机制市场化改革。

2013 年 11 月《中共中央关于全面深化改革若干重大问题的决定》提出，要"完善人民币汇率市场化形成机制，健全反映市场供求关系的国债收益率曲线。加快推进利率市场化，推动资本市场双向开放，有序提高跨境资本和金融交易可兑换程度，建立健全宏观审慎管理框架下的外债和资本流动管理体系，加快实现人民币资本项目可兑换。"党的十八届三中全会描绘并部署了我国利率市场化和

人民币汇率市场化形成机制改革的重点和步骤。

8.2.1.1 利率市场化改革

Bean（2004）认为，人口老龄化通过影响利率，影响居民消费等路径影响货币政策传导机制。Hellman、Murdock 和 Stiglitz（1997）提出的金融约束理论认为，在市场基础比较薄弱的发展中国家，中央银行实施存贷款利率的控制、市场准入的限制等政策干预措施比完全的市场化更有利于推动金融业的发展。因此，我国在人口老龄化和处于发展中国家的现实情况下，推进利率市场化改革面临着巨大的挑战，必须进一步研究论证改革的路径，把握好改革的时机、推进的节奏、配套措施的跟进，健全货币政策传导机制，提升经济金融发展的效率和可持续性。

（1）继续培育金融市场基准利率体系。2007 年 1 月 4 日，全国同业拆借中心借鉴英国伦敦同业拆借利率（Libor，London Interbank Offered Rate）模式，在上海开始发布上海同业拆借利率（Shibor）的报价。Shibor 推出以来，在各市场主体的精心培育下，逐步成为我国金融市场重要的指标性利率。但由于利率双轨制、利率市场分割、市场交易量支撑不够、Shibor 的报价机制以及金融市场信用体系等原因，Shibor 对其他利率的引导效应和基准利率的地位还有待进一步提高，因此必须加快 Shibor 作为基准利率体系的建设，巩固 Shibor 基准利率地位。

（2）完善金融机构自主定价机制。市场利率化改革的进程也体现出金融市场的竞争程度，特别是存款利率上限的打开，金融市场的竞争将更趋激烈，中央银行必须未雨绸缪，防止金融机构非理性竞争行为，引导金融机构完善自主定价机制，提高自主定价能力，夯实利率市场化改革的微观基础。

（3）健全中央银行利率体系。随着金融市场的不断发展，我国社会融资渠道趋于多元化，加之 2008 年国际金融危机的深刻教训，中央银行以货币供应量为主体的数量型货币政策传导机制的有效性逐渐下降，因此建立和完善多层次的利率体系成为价格型货币政策传导机制的重要支撑。

8.2.1.2 人民币汇率市场化形成机制改革

从国际资本流动的生命周期动因角度分析，Braude（2000）、

Paul S. L. YIP 和 TAN Khye Chong（2005）认为人口老龄化将造成人口红利消失，实际汇率上升，资本收益率下降，并引发国际资本从老龄化发达国家向年轻化发展中国家流动。加之 2008 年以来的美债危机和欧债危机导致美国和欧洲货币贬值，引发新兴市场国家跨境资金持续大规模流入，本国货币大幅度升值。我国汇率在这种多重多向交错压力下，积极应对国际经济金融发展变化，坚持渐进性、主动性和可控性原则稳步推进改革。

我国人民币汇率市场化形成机制改革的进程，以逐步扩大人民币汇率浮动幅度为主线。1994 年人民币汇率浮动幅度是 0.3%，2007 年扩大至 0.5%，2012 年扩大至 1%，2014 年 3 月 17 日扩大至 2%。人民币汇率形成机制改革的主要目标是完善人民币汇率形成机制，保持人民币汇率在合理、均衡水平上的基本稳定；有选择、分步骤放宽对跨境资本交易的限制，在有效防范金融风险的基本前提下，逐步实现人民币资本项目可兑换。

（1）加大市场决定汇率的力度，促进国际收支平衡。2014 年 3 月中国人民银行副行长、国家外汇管理局局长易纲在中国发展高层论坛 2014"全面深化改革的中国"经济峰会上表示在汇率形成机制方面，汇率的浮动幅度扩大，双向浮动是一个新的气象，今后双向浮动会是常态，弹性会增加，人民币汇率将主要由市场供求来决定，人民银行对汇率的决定作用会减弱，因此需要进一步完善外汇市场、提高人民币汇率弹性。

（2）发展外汇市场，丰富外汇产品。经过多年的发展，我国当前已经初步建成了比较完善的外汇市场体系，但外汇市场的广度和深度不足，不能更好地满足企业和居民的需求，需要推出以 Shibor 为基准利率的外汇产品，提高外汇产品的波动率。建立银行间的外汇拆借市场，增加外币之间的交易，外币期权与期货之间的交易。放宽金融机构外资持股比例限制，完善 QFII 与 RQFII 机制，最终取消 QFII 等临时过渡政策限制。鼓励境内民间投资者进行跨境投资，完善资本市场跨境投资制度。

（3）增强人民币汇率双向浮动弹性。根据我国经济金融发展形势以及外汇市场发育状况，实现人民币汇率在合理均衡水平上保持基本稳定。统筹汇率波动的合理预期，增强汇率的弹性和灵活性。进一步改革汇率形成和定价机制，适时调整并逐步扩大一篮子货币的品种与范围。根据国际金融市场的变化，适时稳妥扩大人民币汇率的浮动幅度。积极应对国际经济、贸易以及投资环境的变化，中央银行基本退出常态式外汇干预，建立以市场供求为基础，有管理的浮动汇率制度。

8.2.1.3　相关配套机制改革

利率市场化和人民币汇率市场化是实现资源市场化配置的最重要的制度变革之一，牵涉一系列货币政策的制度安排，因此需要信贷政策、股票和债券市场、存款保险制度等配套支撑。

（1）信贷政策改革。一方面引导信贷资金投向，大力支持老年产业发展，提高信贷资金支持产业转型升级的效用。另一方面约束市场主体的超市场行为，促进资源在市场上进行优化配置，避免产生道德风险；控制贷款利率浮动的非市场化行为，国有大企业利用充分的信息优势，降低信贷外部风险溢价，贷款利率下限取消后成为最大的受益者，与中小企业的利率差进一步拉大。

（2）债券和股票发行制度改革。扩大债券和股票市场规模，是资产价格充分发挥市场化杠杆功能的基本前提。一方面借鉴美国竞标模式改革债券发行利率竞价方式，提高因明显利益导向而故意扭曲价格的道德风险的约束力。另一方面创新债券市场的信用评级制度，采用国际通行模式以信用评级的方式解决各类债券产品还债能力的信息对称问题。再次，进一步完善新股发行改革、规范网下询价和定价行为，加强对配售过程监管，降低创业板 IPO 门槛、再融资放开及退市制度完善等。

（3）深化存款保险制度改革。全面放开贷款利率，分步骤打开存款利率上限管制，将加大银行的经营风险，同时民营银行和中小银行门槛降低，将进一步加剧银行业的竞争，可能会导致部分中小银行破产，如果按照现有的破产清算模式，普通储户将遭受重大损失，因此深化存款保险制度改革，有效防范商业银行的道德风险和逆向选择，成为利率汇率市场化的重要保障。

8.2.2 从传承到创新，推进老年产业资产证券化改革

8.2.2.1 老年产业信贷资产证券化改革

信贷资产证券化是指把欠流动性但有未来现金流的信贷资产（如银行的贷款、企业的应收账款等）经过重组形成资产池，并以此为基础发行证券。2005 年 4 月，我国正式启动了信贷资产证券化改革试点，在国内选择了 11 家金融机构在银行间债券市场发行信贷资产支持证券。2009 年由于美国次贷危机的影响暂停试点，2011 年选择了 7 家金融机构继续试点。美国次贷危机表明，资产证券化是中性的，既可以为金融市场创造流动性，激活债券市场与资本市场的连接机制，分散金融风险，也可能因监管不到位而被市场滥用引发系统性风险，甚至爆发金融危机。

当前，我国信贷资产证券化与美国相比，市场规模较小，产品类型单一，市场反应冷淡，交易量小，因此，在信贷资产证券化试点进程推进中，应进一步丰富投资品种，探索中长期贷款证券化，特别是应向健康保险、养老基础设施建设、文化娱乐、体育健身、养老消费等老年产业信贷资产证券化进行倾斜，不仅要依靠传统的政府投入、财政贴息等措施，在金融创新方面也应予以支持。

8.2.2.2 建立通货膨胀目标制政策框架，关注股市、汇市、债市和楼市的风险联动机制

通货膨胀目标制是中央银行直接以通货膨胀为目标并对外公布该目标的货币政策制度。在通货膨胀目标制下，传统的货币政策体系将发生重大变化，在政策工具与最终目标之间不再设立中间目标，货币政策的决策依据主要依靠定期对通货膨胀的预测。政府或中央银行根据预测提前确定本国未来一段时期内的中长期通货膨胀目标，中央银行在公众的监督下运用相应的货币政策工具使通货膨胀的实际值和预测目标相吻合。通货膨胀目标制自 1990 年新西兰率先采用以来，已有美国、英国、日本、加拿大、瑞典等数十个国家先后实行。

在当前，我国楼市调控考验犹存、股市承压低迷盘整、汇市激荡暗流涌动、债市创新后效待观，全国人大财政经济委员会副主任

委员尹中卿讲到，"楼市、股市、债市、汇市，市市关心"，每一市都牵动老百姓的神经，甚至关系到金融经济的改革和发展。2008年世界金融危机充分展现了当今全球经济越来越显著的股票市场、房地产市场、外汇市场、期货市场、债券市场彼此牵扯，相互影响，交错共振的联动关系，这种联动机制并不会因为本次经济金融危机的结束而结束，相反，它将一直处于不断强化之中，而这种联动机制对于各国经济安全、对于世界经济的安全，都是极端重要的。

1999年9月米什金在接受记者采访时认为，中国适宜采取以通货膨胀为目标的货币政策，而孙一铭（2013），程均丽、刘枭（2013），刘东华（2011），卢宝梅（2009），卞志村（2007），高见（2006）等根据我国经济金融的发展形式也认为我国目前适宜采取通货膨胀目标制。通货膨胀目标制将股市、汇市、债市和楼市纳入一体化监管体系，关注资产价格变动，注重发挥资产价格的杠杆作用，畅通货币政策传导机制和联动效应，畅通人口老龄化对货币政策传导机制的影响路径，进而维护金融安全与稳定。

8.2.3 从借鉴到务实，推进我国养老体制改革

我国是一个养老保障严重不足的国家，并已进入严峻的老龄化社会，老龄化和养老体制改革的影响，绝不仅限于金融市场和金融体系的结构变化，而且还影响利率政策、信贷政策、汇率政策和资产价格，进而影响货币政策的实效性。党的十八届三中全会提出了我国养老体制改革的顶层设计，2014年2月7日国务院常务会议决定合并新型农村社会养老保险和城镇居民社会养老保险，建立全国统一的城乡居民基本养老保险制度，我国养老体制改革进入一个新的阶段。

8.2.3.1 延迟退休

作为养老体制改革中最受公众关注的一项政策建议，延迟退休计划自提出后就饱受社会各界争议。赞成者认为，我国的养老金空账已超过2万亿元，如果再不延长退休年龄，养老金就不够用了；而反对者认为，延长退休年龄意味着剥夺劳动者应该享受的退休福利，缩短劳动者享受领取养老金的时间，同时也会给年轻人就业造

成压力。清华大学杨燕绥等学者建议从 2015 年开始实施有步骤的延迟退休计划，2030 年之前完成男、女职工和居民 65 岁领取养老金的目标。中国社科院胡伟略认为逐步延迟退休年龄是必然趋势。纵观人口老龄化国家采取的退休政策，我国采取弹性退休制度，分步骤分阶段分类别实施延迟退休计划，是人口老龄化背景下不得不做出的选择。

8.2.3.2 以房养老

以房养老政策既是完善养老保障机制的重要补充，也是人口老龄化形势下金融创新的重要举措。美国、日本、加拿大、新加坡等国较早实施了以房养老政策，成为老年人生活保障的依靠。2007 年 11 月，上海市公积金管理中心实施"以房养老"方案研究和试点，但在我国以家庭养老为主体的养老传统下，试点推进效果不佳，房屋产权 70 年、房价的未来走势、家庭财产的代际转移传统等制约了政策的实施与推广。因此，要细化政策实施主体，区别以房养老政策适宜人群，推动以房养老政策的实施。

8.2.3.3 公平养老

2014 年，我国实施全国统一的城乡居民基本养老保险制度，2015 年实施机关事业单位养老保险制度改革，基本结束了养老保险制度的板块化、碎片化的隐患，但仍然存在不同的支付渠道、不同的享受标准等制度性不公平。社会养老保险旨在为公众退休之后提供基本的生活保障，因此在制度设计的时候特别要讲究公平性和科学性。目前我国城镇和农村居民分别适用城镇职工或城镇居民养老保险制度和新型农村养老保险制度。虽然养老金都是基础养老金和个人账户相结合的"统账结合"式，但由于不同制度的缴费基数和计发办法不同，导致待遇存在很大的差异。因此，推进公平养老，打破区域阻隔，实现真正的公平养老，成为我国养老保险制度改革的坚定取向。

参考文献

［1］艾春荣，汪伟. 中国居民储蓄率的变化及其原因分析 ［J］. 湖北经济学院学报，2008（11）.

［2］安国俊. 人民币汇率市场化改革 ［J］. 中国金融，2012（3）.

［3］巴曙松，杨现领. 从金融危机看未来国际货币体系改革 ［J］. 当代财经，2009（11）.

［4］白钦先，李安勇. 论西方货币政策传导机制理论 ［J］. 国际金融研究，2003（6）.

［5］白云涛，陈建付. 我国近年来货币信贷政策实践及其取向——伯南克和布林德CC-LM模型在我国目前条件下的适用性 ［J］. 南昌大学学报：人文社会科学版，2007（4）.

［6］曹龙骐，李永宁. 海外学者关于人民币汇率研究的文献综述 ［J］. 经济学动态，2008（9）.

［7］曾宪久. 凯恩斯的货币政策传导理论考察——兼论我国货币政策传导的利率效应 ［J］. 经济体制改革，2001（3）.

［8］曾志斌. 基于资产价格渠道的货币政策传导机制的理论分析 ［J］. 现代商业，2012（12）.

［9］陈成鲜，王浣尘. 人口老龄化对我国股票市场的影响分析 ［J］. 证券市场导报，2003（4）.

［10］陈灏. 人民币实际汇率波动的原因分析 ［J］. 上海经济研究，2008（10）.

［11］陈建南. 货币政策中利率传导机制分析 ［J］. 金融与经济，2004（6）.

［12］陈鹏军. 我国人口老龄化趋势、影响及对策研究 ［J］. 重

庆工商大学学报：社会科学版，2011（3）.

　　[13] 陈平. 国际资本流动与汇率决定 [J]. 国际金融研究，2000（9）.

　　[14] 陈姗姗. 西方人口转变理论的回顾与再思考 [J]. 牡丹江大学学报，2011（3）.

　　[15] 陈卫，黄小燕. 人口转变理论述评 [J]. 中国人口科学，1999（5）.

　　[16] 陈喜强. 人口老龄化如何通过社会保障制度去影响广西的经济？[J]. 广西经贸，2002（11）.

　　[17] 程永宏. 现收现付制与人口老龄化关系定量分析 [J]. 经济研究，2005（3）.

　　[18] 池光胜. 人口老龄化与实际有效汇率 [J]. 上海金融，2013（5）.

　　[19] 池光胜. 人口老龄化与实际有效汇率的实证研究——基于全球187个国家30年数据的面板分析 [J]. 金融研究，2013（2）.

　　[20] 楚尔鸣. 中国货币政策汇率传导有效性的实证研究 [J]. 湘潭大学学报：哲学社会科学版，2006（2）.

　　[21] 崔瑛. 浅析金融创新对货币政策的影响 [J]. 西安金融，2003（4）.

　　[22] 戴国海. 人口结构变化对房地产周期性波动的影响 [J]. 金融发展研究，2011（7）.

　　[23] 丁润萍. 中国人口老龄化与养老保险体制改革：上篇 [J]. 能源基地建设，1999（1）.

　　[24] 丁润萍. 中国人口老龄化与养老保险体制改革：下篇 [J]. 能源基地建设，1999（2）.

　　[25] 董丽霞，赵文哲. 人口结构与储蓄率：基于内生人口结构的研究 [J]. 金融研究，2011（3）.

　　[26] 杜本峰，李一男. 老年人消费与投资行为特征和金融产品创新——以北京市调查为例 [J]. 经济问题探索，2007（3）.

　　[27] 杜本峰，张瑞. 人口老龄化与金融创新关系研究述评 [J]. 经济学动态，2008（6）.

[28] 杜本峰. 人口老龄化对金融市场的影响分析 [J]. 经济问题, 2007 (6).

[29] 杜鹏. 中国人口老龄化主要影响因素的量化分析 [J]. 中国人口科学, 1992 (6).

[30] 樊舒, 陈传明. 利率市场化改革主要问题及对策 [J]. 人民论坛, 2013 (6) 下.

[31] 范叙春, 朱保华. 预期寿命增长、年龄结构改变与我国国民储蓄率 [J]. 人口研究, 2012 (7).

[32] 范兆斌, 吴华妹. 国际人口迁移、信贷约束与人力资本积累 [J]. 世界经济研究, 2013 (3).

[33] 方圆. 人口结构对房地产价格波动的影响 [J]. 时代金融, 2012 (9).

[34] 冯中圣. 金融风险: 内涵、分类和防范 [J]. 宏观经济管理, 1997 (9).

[35] 弗兰科·莫迪利亚尼文萃 [M]. 北京: 首都经贸大学出版社, 2001.

[36] 付伯颖. 人口老龄化背景下公共财政政策的选择 [J]. 地方财政研究, 2008 (10).

[37] 傅玮韡. 我国货币政策资产价格传导机制的实证研究 [J]. 特区经济, 2013 (9).

[38] 高见. 老龄化、金融市场及其货币政策含义 [M]. 北京: 北京大学出版社, 2010.

[39] 高山, 黄杨, 王超. 货币政策传导机制有效性的实证研究——基于利率传导渠道的 VAR 模型分析 [J]. 财经问题研究, 2011 (7).

[40] 高山. 我国货币政策传导机制有效性的实证研究——基于汇率传导渠道的 VAR 模型分析 [J]. 武汉金融, 2011 (4).

[41] 高山. 我国货币政策传导机制有效性的实证研究——以资产价格传导渠道为视角 [J]. 金融与经济, 2011 (1).

[42] 高淑红. 人口老龄化的财政负担及对策研究 [J]. 地方财政研究, 2011 (1).

[43] 高雅. 货币政策对居民消费储蓄行为的影响研究 [D]. 湘潭大学, 2012.

[44] 工商社论. 人口快速老龄化将迫使全球利率上升 [N]. 工商时报, 2003-10-23 (1).

[45] 顾巧明, 胡海鸥. 中外货币政策传导机制理论比较研究 [J]. 上海管理科学, 2010 (4).

[46] 韩玲慧. 人口老龄化背景下发达国家社会保障事业面临的财政压力 [J]. 经济与管理研究, 2013 (6).

[47] 何国华, 黄明皓. 开放条件下货币政策的资产价格传导机制研究 [J]. 世界经济研究, 2009 (2).

[48] 何慧刚, 何诗萌. 中国货币政策传导机制的效应分析 [J]. 云南社会科学, 2012 (6).

[49] 何林. 现收现付制养老保险风险量化及应对策略 [J]. 保险研究, 2010 (8).

[50] 何起东, 吕永华, 丁鸣. 当前我国利率传导机制有效性的实证研究 [J]. 上海金融, 2012 (9).

[51] 何颖. 我国货币政策利率传导机制实证研究 [J]. 商业时代, 2011 (36).

[52] 贺建清, 胡林龙. 货币政策汇率传导渠道在我国的有效性研究 [J]. 金融发展研究, 2010 (4).

[53] 贺菊煌. 用基本的生命周期模型研究储蓄率与收入增长率的关系 [J]. 数量经济技术经济研究, 1998 (3).

[54] 胡洁. 我国货币政策的信贷传导机制分析 [J]. 大众商务, 2009 (7).

[55] 胡伟略. 关于金融危机与人口老龄化问题 [EB/OL]. 中国社会科学网, 2010-04-23. http://www.cssn.cn/ddzg/ddzg_ld-js/ddzg_jj/201004/t20100423_805689.shtml.

[56] 胡晓华, 易守宽, 杨雪梅. 浅析人口老龄化对中国养老保险制度的挑战 [J]. 法制与社会, 2013 (2) 上.

[57] 黄碧丹, 周冬宝. 中国货币政策利率传导机制的理论和实证研究 [J]. 长春工业大学学报: 社会科学版, 2012 (7).

[58] 黄丹. 中国货币政策效果地区差异的实证研究 [D]. 对外经济贸易大学, 2006.

[59] 黄金老. 论金融脆弱性 [J]. 金融研究, 2001 (3).

[60] 黄文华, 朱晶晶, 熊红英. 货币政策的资产价格传导机制及其实证分析 [J]. 江西社会科学, 2010 (2).

[61] 黄泽华. 我国货币政策信贷传导机制研究 [J]. 理论探索, 2010 (3).

[62] 霍楠. 我国现行人民币汇率体系的思考 [J]. 武汉金融, 2007 (3).

[63] 江春, 翁强. 经济增长、人口结构、金融市场对中国储蓄率影响分析——基于修正的生命周期模型的实证分析 [J]. 区域金融研究, 2009 (4).

[64] 姜向群. 中国人口老龄化和老龄事业发展报告 [M]. 北京: 中国人民大学出版社, 2013.

[65] 蒋放鸣. 金融创新对货币政策的效应分析 [J]. 上海金融, 2002 (3).

[66] 蒋厚栋. 我国货币政策资产价格传导机制研究 [J]. 世界经济情况, 2010 (2).

[67] 解韬. 英国应对人口老龄化的经验及对中国的启示 [J]. 战略决策研究, 2012 (1).

[68] 金中夏. 论中国实际汇率管理改革 [J]. 经济研究, 1995 (3).

[69] 阚丽萍, 王海灵. 人口结构与金融资产价格的相关性研究 [J]. 商业文化: 学术版, 2010 (9).

[70] 科恩·特林斯. 如何应对人口老龄化的挑战 [EB/OL]. 中国经济时报, 2011-07-26. http: //lib. cet. com. cn/paper/szb_con/118421. html.

[71] 乐毅, 习节文. 我国货币政策传导机制有效性实证研究——基于利率传导途径的 VAR 模型分析 [J]. 金融经济, 2013 (6).

[72] 李安勇, 白钦先. 货币政策传导的信贷渠道研究 [M]. 北京: 中国金融出版社, 2006.

[73] 李波伟，陈小丽. 我国现行人民币汇率制度存在的问题及对策研究 [J]. 科技创业月刊，2005 (6).

[74] 李洪心，李巍. 人口老龄化对我国财政支出规模的影响——从社会保障角度出发 [J]. 南京人口管理干部学院学报，2012 (4).

[75] 李鸿雁，王超. 人口老龄化对金融业的影响分析 [J]. 学理论，2008 (18).

[76] 李俭富. 经济增长、人口结构与储蓄率的关系研究 [J]. 统计教育，2008 (12).

[77] 李建新. 国际比较中的中国人口老龄化变动特征 [J]. 学海，2005 (6).

[78] 李军. 人口老龄化经济效应分析 [M]. 北京：社会科学文献出版社，2005.

[79] 李路，赵景峰. 货币政策信贷传导渠道的理论评述 [J]. 中国流通经济，2012 (5).

[80] 李若谷. 金融危机与国际货币体系改革 [J]. 中国金融，2010 (5).

[81] 李松华. 基于DSGE模型的利率传导机制研究 [J]. 湖南大学学报：社会科学版，2013 (3).

[82] 李文星，徐长生，艾春荣. 中国人口年龄结构和居民消费：1989—2004 [J]. 经济研究，2008 (7).

[83] 李延敏，杨林. 人口老龄化与金融产品创新 [J]. 经济论坛，2004 (5).

[84] 李扬，殷剑峰. 劳动力转移过程中的高储蓄、高投资和中国经济增长 [J]. 经济研究，2005 (2).

[85] 李颖，栾培强. 人民币汇率传导效果与传导机制分析 [M]. 北京：经济科学出版社，2010.

[86] 林毅夫. 各国央行须关注股市和资产价格 [N]. 中国证券报，2008-10-21.

[87] 刘大玉. 金融危机下美国养老保险体系面临的风险及其对我国的启示 [J]. 广东行政学院学报，2010 (2).

［88］刘德英. 我国货币政策利率传导机制实证分析［J］. 知识经济, 2012 (6).

［89］刘积余. 利率在货币政策传导机制中的作用分析［J］. 河南金融管理干部学院学报, 2004 (1).

［90］刘降斌, 潘慧. 我国货币政策信贷传导机制有效性分析［J］. 经济研究导刊, 2011 (20).

［91］刘俊. 人口老龄化研究简述［J］. 科教导刊: 中旬刊, 2010 (4).

［92］刘丽萍. 我国货币政策传导机制的信贷渠道分析［J］. 安徽工业大学学报: 社会科学版, 2008 (3).

［93］刘沁清. 老龄化进程中的中国汇率政策［M］. 上海: 复旦大学出版社, 2011.

［94］刘士余. 进一步扩大信贷资产证券化试点［J］. 中国金融, 2013 (21).

［95］龙琼华, 伍海华. 中国货币政策利率传导机制的实证研究: 1998—2008 年［J］. 青岛大学学报, 2009 (12).

［96］楼当. 人口老龄化对股市价格波动影响的实证研究［J］. 时代经贸, 2006 (8).

［97］卢文彬. 论人口老龄化对我国消费市场的影响［J］. 消费经济, 1996 (2).

［98］芦东. 人口结构、经济增长与中国居民储蓄: 基于迭代模型 (OLG) 和省级面板数据的实证研究［J］. 上海金融, 2011 (1).

［99］鲁志国. 简论人口老龄化对我国产业结构调整的影响［J］. 深圳大学学报: 人文社会科学版, 2001 (3).

［100］马红霞, 孙雪芬. 关于金融危机与货币政策关系的学术争鸣［J］. 经济学动态, 2010 (8).

［101］马辉. 我国货币政策资产价格传导机制有效性分析［J］. 经济论坛, 2009 (12).

［102］缪露. 我国货币政策传导机制研究——基于资产价格渠道的实证分析［J］. 黑龙江对外经贸, 2010 (4).

［103］潘耀明, 胡莹, 仲伟周. 基于利率途径的货币政策传导

效果实证研究［J］．上海金融，2008（3）.

［104］潘云爽．基于信贷传导渠道的货币政策区域效应研究［D］．辽宁工程技术大学，2009.

［105］彭建松．西方人口经济学概论［M］．北京：北京大学出版社，1987.

［106］彭文生．人口结构不仅仅影响通胀还影响利率［EB/OL］．金融界网站，2013-06-07．http：//money．news18a．com/news/130607/1/story_137287．html.

［107］平晓冬．人口结构与房地产市场关系分析［J］．中国经贸，2010（6）.

［108］祁峰．我国人口老龄化的经济效应分析［J］．经济问题探索，2010（1）.

［109］钱凯．我国人口老龄化问题研究的观点综述［J］．经济研究参考，2010（70）.

［110］任正委．人口因素对房地产市场需求的影响——兼论中国房地产业的刚性需求［J］．商场现代化，2008（6）中.

［111］沈继伦．人口老龄化对资本市场的影响：关于我国基本养老保险基金拟入市的思考［J］．商业时代，2013（1）.

［112］盛松成．为什么需要推进资本账户开放［J］．中国金融，2013（18）.

［113］盛松成．协调推进利率汇率改革与资本账户开放［EB/OL］．中国人民银行网站，2013-03-28．http：//www．pbc．gov．cn/publish/diaochatongjisi/866/2012/20120523140117671433549/20120523140117671433549_．html.

［114］施峰．人口老龄化：中国和平发展必须应对的挑战［J］．经济研究参考，2004（75）.

［115］石睿．金融创新、金融风险与金融稳定的理论分析［J］．南方金融，2011（6）.

［116］孙明华．我国货币政策传导机制的实证分析［J］．财经研究，2004（3）.

［117］孙祁祥，朱俊生．人口转变、老龄化及其对中国养老保

险制度的挑战 [J]. 财贸经济, 2008 (4).

[118] 孙群, 孙志燕. 人口结构变化对我国财政支出规模的影响分析——基于多元回归分析方法 [J]. 中国管理信息化, 2013 (6).

[119] 唐安宝, 何凌云. 人民币汇率传导机制的有效性分析 [J]. 国际贸易, 2007 (10).

[120] 唐东波. 人口老龄化与居民高储蓄——理论及中国的经验研究 [J]. 金融论坛, 2007 (9).

[121] 陶立群. 再谈人口老龄化若干问题的辨析——兼与穆光宗等同志商榷有关人口老龄化的几个理论和概念问题（之一）[J]. 人口学刊, 1997 (6).

[122] 田雪原. "未富先老" 视角的人口老龄化 [J]. 南方人口, 2010 (2).

[123] 汪伟. 经济增长、人口结构变化与中国高储蓄率 [J]. 经济学季刊, 2009 (1).

[124] 王德文, 蔡昉, 张学辉. 人口转变的储蓄效应和增长效应——论中国增长可持续性的人口因素 [J]. 人口研究, 2004 (5).

[125] 王东风. 国外金融体系金融脆弱性理论研究综述 [J]. 国外社会科学, 2007 (5).

[126] 王刚. 人口老龄化对居民储蓄的影响分析——以北京市为例 [J]. 经济问题探索, 2006 (9).

[127] 王宏生. 我国货币政策利率传导机制有效性分析 [J]. 金融理论与实践, 2013 (2).

[128] 王江渝. 我国基准利率的建设与完善 [J]. 中国金融, 2013 (2).

[129] 王克. 中国人口老龄化对未来经济的影响 [J]. 人口学刊, 1987 (2).

[130] 王品春. 人口老化与投资和储蓄关系浅析 [J]. 浙江经专学报, 1997 (3).

[131] 王麒麟, 赖小琼. 人口年龄结构、财政政策与中国高储蓄率 [J]. 贵州财经学院学报, 2012 (1).

[132] 王茜. 金融危机背景下我国货币政策有效性研究综述 [J]. 管理学家学术版, 2011 (10).

[133] 王仁言. 人口年龄结构、贸易差额与中国汇率政策的调整 [J]. 世界经济, 2003 (9).

[134] 王森. 中国人口老龄化对居民储蓄率影响的定量分析——基于 VAR 模型的方法 [J]. 中国人口科学, 2010 增刊 (2).

[135] 王森. 中国人口老龄化与居民储蓄之间关系——基于 1979—2007 年的数据 [J]. 石家庄经济学院学报, 2008 (4).

[136] 王先益. 中国人口老龄化问题研究综述 [J]. 人口学刊, 1990 (5).

[137] 王小力. 人口老龄化及社会保障问题浅析 [J]. 中共成都市委党校学报, 2013 (3).

[138] 王艳. 经典人口转变理论的再探索——现代人口转变理论研究评介 [J]. 西北人口, 2008 (4).

[139] 王宇鹏. 人口老龄化对中国城镇居民消费行为的影响研究 [J]. 中国人口科学, 2011 (1).

[140] 王蕴红. 汇率政策的决策及传导机制 [J]. 市场研究, 1999 (11).

[141] 王召. 对中国货币政策中利率传导机制的探讨 [J]. 经济科学, 2001 (5).

[142] 韦伯. 人口老龄化问题迫使央行维持低通胀 [EB/OL]. 全景网, 2006 - 07 - 07. http: //www. p5w. net/exchange/hsxw/ 200607/t404796. htm.

[143] 韦宇红. 论我国人口老龄化过程中的金融商机 [J]. 改革与战略, 2000 (6).

[144] 魏红梅. 人口老龄化对我国社会保障体系的影响及对策研究 [J]. 劳动保障世界, 2013 (5).

[145] 魏雪飞, 王炳文. 国际资本流动与汇率形成机制问题研究 [J]. 会计之友, 2010 (9) 下.

[146] 文静. 上海人口老龄化对金融业的影响和对策 [J]. 上海综合经济, 2002 (11).

[147] 吴安民. 传统信贷理论的质疑 [J]. 山西财经大学学报, 1985 (1).

[148] 吴东华. 老龄化是危机也是红利 [EB/OL]. 投资快报, 2012 - 11 - 26. http：//wudonghua020. blog. 163. com/blog/static/1177656920121027102 13613.

[149] 吴念鲁, 杨海平. 利率市场化改革的再认识 [J]. 中国金融, 2013 (24).

[150] 吴义根, 贾洪文. 我国人口老龄化与金融资产需求结构的相关性分析 [J]. 西北人口, 2012 (2).

[151] 吴玉韶. 中国老龄事业发展报告 (2013) [M]. 北京：社会科学文献出版社, 2013.

[152] 吴忠观. 人口学 [M]. 修订本. 重庆：重庆大学出版社, 2005.

[153] 西村清彦. 人口老龄化、金融服务和监管 [J]. 中国金融, 2013 (2).

[154] 夏德仁, 张洪武, 程智军. 货币政策传导的"信贷渠道"述评 [J]. 金融研究, 2003 (5).

[155] 夏淼, 吴义根. 人口老龄化与我国金融结构的变迁 [J]. 西北人口, 2011 (2).

[156] 项俊波. 人口老龄化致储蓄率下降是金融体系新挑战 [EB/OL]. 凤凰财经, 2012-06-29.

[157] 肖宏. 人口老龄化对金融资产价格的影响 [J]. 中国国情国力, 2007 (9).

[158] 谢圣远, 李亚莲. 从风险视角重新检视我国养老保险制度改革 [J]. 社会保障研究, 2013 (1).

[159] 星焱. 我国西部金融与财政支农的经济效应研究 [D]. 西南财经大学, 2009.

[160] 徐聪. 长春市城市社区养老服务发展对策研究 [D]. 东北师范大学, 2012.

[161] 徐晓. 人口老龄化背景下我国养老保险制度存在的问题 [J]. 经济研究导刊, 2012 (8).

［162］徐燕. 我国金融体系金融脆弱性分析研究［J］. 生产力研究，2010（4）.

［163］徐英吉，吕良鹏. 我国信贷传导机制有效性研究［J］. 价值工程，2004（2）.

［164］闫敏. 推进资本账户渐进有序开放［J］. 中国金融，2013（18）.

［165］颜高明. 基于 Taylor 规则视角的货币政策调控机制比较研究［D］. 湖南大学，2007.

［166］杨光辉. 中国人口老龄化的发展趋势与特点，中国人口科学，2005 年增刊.

［167］杨继军. 人口年龄结构转变的储蓄效应［J］. 财经科学，2009（7）.

［168］杨俊全. 解决我国人口老龄化问题的对策研究［D］. 东北师范大学，2004.

［169］杨胜利，高向东. 人口老龄化对社会保障财政支出的影响研究［J］. 西北人口，2012（3）.

［170］杨勇. 基于人口老龄化的养老保险风险分析［J］. 新疆大学学报：哲学 人文社会科学版，2012（1）.

［171］杨长江，黄埔秉超. 人民币实际汇率和人口年龄结构［J］. 金融研究，2010（2）.

［172］姚婉婷. 我国货币政策资产价格传导机制研究［J］. 中国商贸，2013（15）.

［173］易纲，王召. 货币政策与金融资产价格［J］. 经济研究，2002（3）.

［174］尤小文. 当代金融风险问题研究综述［J］. 理论前沿，1998（13）.

［175］俞天任. 老龄化问题是怎么来的［EB/OL］. 凤凰网评论，2013 - 03 - 28. http：//news. ifeng. com/opinion/zhuanlan/yutian-ren/detail_ 2013_ 03/28/23617299_ 0. shtml.

［176］袁志刚，葛劲峰. 由现收现付制向基金制转轨的经济学分析［J］. 复旦学报：社会科学版，2003（4）.

［177］袁志刚，宋铮．人口年龄结构、养老保险制度与最优储蓄率［J］．经济研究，2000（11）．

［178］约翰·梅纳德·凯恩斯．就业、利息和货币通论［M］．重译本．北京：商务印书馆，1999．

［179］詹姆斯·H．舒尔茨．老龄化经济学［M］．北京：社会科学文献出版社，2010．

［180］张纯威．弹性汇率制度下的国际资本流动调控策略［J］．世界经济研究，2006（2）．

［181］张桂莲，王永莲．中国人口老龄化对经济发展的影响分析［J］．人口学刊，2010（5）．

［182］张昊．老龄化、非中介化机制与金融体系变迁［J］．金融理论与实践，2009（7）．

［183］张昊．老龄化与金融结构演变［M］．北京：中国经济出版社，2008．

［184］张辉，黄泽华．中国货币政策汇率传导机制研究［J］．经济学动态，2011（8）．

［185］张辉，黄泽华．中国货币政策利率传导机制的实证研究［J］．经济学动态，2011（3）．

［186］张剑文．老龄化冲击金融体系 资金短缺威胁储蓄与投资［EB/OL］．网易，2005－11－17．http：//money．163．com/05/1117/16/22PB27EP00251KLB．html．

［187］张晶，梁斯．我国利率市场化阻碍因素及对策［J］．商业时代，2013（6）．

［188］张敏，王萍．货币政策中资产价格的作用及其传导机制［J］．湖南商学院学报，2011（12）．

［189］张倩．我国金融脆弱性现状及传导机制研究［J］．经济论坛，2013（4）．

［190］张庆昉．中央银行信贷政策理论问题探析［EB/OL］．和讯网，2010－12－17．http：//opinion．hexun．com/2010－12－27/126424450．html．

［191］张庆元．货币政策传导机制中的汇率［J］．南开经济研

究，2004（5）．

[192] 张晓慧. 关于资产价格与货币政策问题的一些思考 [J].
金融研究，2009（7）．

[193] 张晓慧. 稳步推进利率市场化改革 [J]. 中国金融，2013
（16）．

[194] 张永胜. 人口老龄化与我国社会保障体系的构建 [J]. 新
乡学院学报：社会科学版，2009（2）．

[195] 张有，郭红旗. 金融创新对货币政策的影响分析 [J]. 河
南金融管理干部学院，2008（5）．

[196] 张玉芹，林桂军，郑桂环. 人民币实际汇率波动影响因
素研究 [J]. 系统工程利率与实践，2008（8）．

[197] 张再生. 中国人口老龄化的特征及其社会和经济后果
[J]. 南开学报，2000（1）．

[198] 张昭，陈兀梧. 人口因素对中国房地产行业波动的影响
及预测分析 [J]. 金融经济，2009（8）．

[199] 赵建. 人口老龄化会导致资产价格步入下跌通道吗？[J].
证券市场导报，2012（3）．

[200] 赵进文，张敬思. 人民币汇率、短期国际资本流动与股
票价格 [J]. 金融研究，2013（1）．

[201] 赵君丽. 人口变化与房地产需求——人口结构变化与房
地产周期相关性研究 [J]. 城市开发，2002（8）．

[202] 赵先立. 二元人口、产业结构和人民币实际汇率波动
[J]. 国际商务——对外经贸大学学报，2013（3）．

[203] 郑功成. 中国养老保险制度的风险在哪里 [J]. 中国金
融，2010（17）．

[204] 郑贵廷，韩鹏. 人口老龄化的经济学再审视 [J]. 人口学
刊，2007（6）．

[205] 郑基超，刘晴. 人口老龄化引致的国际资本流动及启示
[J]. 兰州学刊，2013（1）．

[206] 郑连盛. 我国利率市场化展望 [J]. 中国金融，2013
（16）．

［207］郑长德. 中国各地区人口结构与储蓄率关系的实证研究 ［J］. 人口与经济，2007（6）.

［208］中国人民银行广州分行货币政策传导课题组. 中国货币政策传导——理论与实证 ［M］. 北京：中国金融出版社，2005.

［209］中国人民银行龙岩市中心支行课题组. 金融创新对货币政策传导的影响分析 ［J］. 上海金融，2009（4）.

［210］中国人民银行新闻发言人. 就扩大人民币汇率浮动幅度答记者问 ［EB/OL］. 中国人民银行网站，2014-03-21. http://www.pbc.gov.cn/publish/goutongjiaoliu/524/2014/20140315175016376540306/20140315175016376540306_.html

［211］中国人民银行研究局课题组. 中国股票市场发展与货币政策完善 ［J］. 金融研究，2002（4）.

［212］钟若. 人口老龄化影响产业结构调整的传导机制研究：综述及借鉴 ［J］. 中国人口科学，2005 年增刊.

［213］周纲，陈金贤. 利率传导机制分析 ［J］. 经济经纬，2009（3）.

［214］周高宾. 资产价格泡沫与我国货币政策传导效应的非对称性研究 ［J］. 南方金融，2011（7）.

［215］周小川. 当前研究和完善货币政策传导机制需要关注的几个问题 ［EB/OL］. 中国人民银行网站，2004-04-14.

［216］周小川. 关于储蓄率问题的若干观察与分析 ［J］. 中国金融，2009（4）.

［217］周战超. 中国人口老龄化问题研究 ［J］. 经济社会体制比较，2007（1）.

［218］周子衡. 人口老龄化——中国经济社会的巨大"陷阱" ［J］. 银行家，2012（10）.

［219］朱超，林博，张林杰. 全球视角下的人口结构变迁与国际资本流动 ［J］. 国际金融研究，2013（2）.

［220］朱超，张林杰. 人口结构能解释经常账户平衡吗 ［J］. 金融研究，2012（5）.

［221］朱峰. 资产价格在货币政策传导机制中的作用研究 ［J］.

金融经济：理论版，2010（7）.

［222］左小蕾. 利率市场化是资源配置重头戏［J］. 中国金融，2013（23）：39 - 41. http：//finance. ifeng. com/news/special/lujia-zui2012/20120629/6681109. shtml.

［223］Abel, Andrew B., the effects of a Baby Boom on stock Prices and capital Accumulationin the Presence of social security［J］. Economer-trica, 2003, 71（2）.

［224］Abel, Andrew B., Will Bequests Attenuate the Predicted Meltdown in Stock Prices When Baby Boomers Retire［J］. the REVIEW 2001, 83.

［225］Adema W., P. Fron, M. Ladaique. Is the European Welfare State Really More Expensive? Indicators on Social Spending, 1980-2012; and a Manual to the OECD Social Expenditure Database（SOCX）［J］. OECD Social, Employment and Migration, Working papers, 2011.

［226］Alan J. Auerbach & Laurence J. Kotlikoff & Robert Hage-mann & Giuseppe Nicoletti, The Dynamics of an Aging Population：The Case of Four OECD Countries［J］. NBER Working Papers2797, National Bureau of Economic Research, Inc. 1989.

［227］Alchian, A, and B Klein. On a Correct measureof Inflation ［J］. Journal of Money, Credit and Banking. 1973.

［228］Andrew K. Rose, Saktiandi Supaat, Fertility and the Real Exchange Rate［J］. NBER Working Paper Series, 1050 Massachusetts Avenue, Cambridge, MA 02138, July 2007.

［229］Andersson, Andreas, Par Osterholm. PoPulation Age Strue-ture and Real Exchange Rate in the OECD［J］. International Eeonomic Journal, 2006, 20（1）.

［230］Andersson, Andreas, Par Osterholm. Forecasting Real Ex-change Rate Trends Using Age Structure Data-The Case of Sweden［J］. Applied Economics Letters, 2005, 12.

［231］Ansley J. Coale, The Demographic Transition Reconsidered ［J］. International Population Conference, Liege, 1973, Vol. 1. IUSSP.

[232] Arrow, k. j., Essays in the Theory of Risk-Bearing, [J]. Amsterdam: North Holland. 1971.

[233] Bean, Charles, Global Demographic Change: some lmplications for Central Banks [J]. speech at FRB Kansas Gicy Annual Symposium, Wyoming, 2004.

[234] Bergantino, Steven, lifecycle Investment Behavior, Demographics, and Asset Prices [J]. doctoral dissertation, MIT, 1998.

[235] Bernanke Ben S. Nonmonetary Effects of the Financial Crisis in the Propagation of the Great Depression [J]. The American Economist, 1983, 73.

[236] Bernanke Ben S, Blinder Alan S. Is it money or credit, or both, or neither? Credit, money, and aggregate demand [J]. The American Economist, 1988, 78.

[237] Bernanke B S, Blinder A S. The Federal Funds Rate and the Channels of Monetary Transmission [J]. The American Economist, 1992, 82.

[238] Bernanke Ben, Mark Gertler. Agency Costs, Net Worth, and Business Fluctuations [J]. The American Economist, 1989, 79.

[239] Bernanke Ben S, Mark Gertler. Inside the Black Box: The Credit Channel of Monetary Policy Transmission [J]. Journal of Econometrics, 1995, 9.

[240] Black G. D., Success and Failure of Futures Contracts Theory and Empirical Evidence [R]. Salomon Brothers Center for the Study of Financial Institutions Monograph Series in Finance and Economics, 1986.

[241] Borio, Claudio, and Philip Lowe. Asset Prices, Financial and Monetary Stability: Exploring the Nexus [J]. Bank for International Settlements Working Paper 114, July. 2002.

[242] Boschen, John F. and Otrok, C. M, Long-run Neutrality and Superneutrality in an ARIMA Framework: Connent [J]. The American Economics Review, 1994, 84 (5).

[243] Braude, Jacob. Age Structure and the Real Exchange Rate

[J]. Bank of IsraelDiscussion Paper Series, 2000.

[244] Brooks, Robin J., Asset Market and Saving Effects of Demographic Transition PhD Dissertation [J]. yale Univ. Economics Dept., 1998.

[245] Brooks, Robin J., Life Cycle Portfolio Chonic and Asset Market Effects of the Baby Boom [J]. manuscript, IMF, 2000.

[246] Brooks, Robin J., Asset market Effects of the Baby Boom and Social Security Reform [J]. American Economic Review, Papers and Proceedings, 2002, 92 (2).

[247] Brooks, Robin J., Population Aging and Global Capital Flows in a Parallel Universe [J]. working pape r, IMF staff papers, 2003.

[248] Brooks, Robin. J., Demographi Change and Asset Prices [R]. Presented at the G20 Workshop on Demography and Financial Markets. Sydney, 2006, 7.

[249] Bryant, Ralph C., Delia Velculescu. Population Aging and Public Pension Systems: A First Look at the Cross-Border and Global Effects [M]. Brookings Institution and Johns Hopkins University, 2002.

[250] Bryant, Ralph C., Hamid Faruqee, Delia Velculescuet al. Fertility Declines and Youth Dependency–Implications for the Global Economy [M]. Brookings Institution, International Monetary Fund, and Johns Hopkins University, 2004.

[251] Byrant, Ralph C., Warwick J. McKibbin. Issues in Modeling the Global Dimensions of Demographic Change [J]. Brookings Discussion Papers in International Economies, 1998.

[252] Calcagnini, G., and E. Saltari. Real and Financial Uncertainty and Investment Decisions, [J]. Journal of Macroeconomics, 2000, 22 (3).

[253] Campbell, John Y., Investment Risk and Social Security Reform [J]. public policy panel, American Finance Association, Washington DC, Jan. 2003.

[254] Campbell. J. Y, and Kyle. A. S. Smart Money, Noise Trading, and Stock Price Behavior [J]. NBER Technical Working Paper, 1988.

[255] Case, Karl, John Quigley, Robert Shiller. Comparing Wealth Effect: The Stock Market versus the Housing Market [J]. NBER Working Paper Series. 2001.

[256] Charles Bean, Global Demographic Change: Some Implications for Central Banks [R] FRB Kansas City Annual Symposium, Jackson Hole, Wyoming, August 26-28, 2004.

[257] Chen, Nan-Kuang, Asset price fluctuations in Taiwan: Evidence from stock and real estate prices 1973 to 1992 [J]. Journal of Asian Economics. 2001, 12.

[258] Coale, Ansley J. and Stephen, Frederick F. The Case of the Indians and Teen-Age Widows [J]. Journal of the American Statistical Association, 1962 (1).

[259] David Miles, What should monetary policy do? [R] The Institute for Policy Research Lecture 2013, University of Bath. 21 February 2013.

[260] Davis, E Philip, Challenges Posed by Ageing to Financial and Monetary Stability [J]. The Geneva Papers on Risk and Insurance-Issues and Practice, Volume 30, Number 4, October, 2005 (23).

[261] Deaton A, Paxson C. Growth and Saving Among Individuals and Households [J]. The Review of Economics and Statistics, 2000, 82 (2).

[262] Diamond DW., Dybvig PH. Bank runs, deposit insurance, and liquidity [J]. Journal of Political Economy. 1983, 91 (3).

[263] Estrela A., Mishkin FS. Is There a Role for Monetary Aggregates in the Conduct of Monetary Policy [J]. Journal of Monetary Economics. 1997, 40 (2).

[264] Faruqee, Hamid. Population Aging and Its Macroeconomic Implications: AFramework for Analysis [R]. IMF, 2002.

[265] Fleming, J. MarcusDomestic financial policies under fixed and floating exchange rates. [J]. IMF Staff Papers, 1962, 9.

[266] Froot, K. and J. Stein, 1991, Exchange Rates and Foreign Direct Investment: An Imperfect Capital Markets Approach [J]. Quarterly Journal of Economics 106.

[267] Geankoplos, John, and Michael Magill, and Martine Quinzii, Demography and the Longrun Predicability of the Stock Market, [J]. Brookings Papers on Economic Activity, 2004.

[268] Geanakoplos, John, Olivia S. Mitchell and Stephen P. Zeldes, Would a Privatized social Securilty System Really Pay a Higher Rate of Return? [J]. in R. Douglas Arnold, Michael J., 1998.

[269] Gertler, M. and Gilchrist, S. the Role of Credit Channel of Monetary Transmission Mechanism: Arguments and Evidence [J]. The Scandinavia Journal of Economics, 1993, 95 (1).

[270] Goodhart, and Hofinann. Asset prices and the conduct of monetary policy [J]. Royal Economic Society Annual Conference No 88. 2002.

[271] Goldberg P K, Knetter M M. Goods Prices Andexchange Rates: What have we Learned [J]. Journal of Econometrics. 1997 (35).

[272] HellmanT., MurdockK. and Stiglitz, FinancialRestraint: Towards a New Paradigm [J]. The Role of Government in East Asian Economic Development Comparative Institutional Analysis, M. Aoki, H-K. Kim and M. Okuno-Fujiwara, eds., Clarendon Press: Oxford, 1997.

[273] Higgns, Matthew, Williamson Jeffrey G. Age Structure Dynamics In Asia And Dependence On Foreign Capital [J]. Population and Development Review. 1997.

[274] Higgins, Matthew. Demography, national savings, and international capital flows [J]. International Economic Journal. 1998, 39 (2).

[275] Hsiao C. Autoregressive modeling and money-income causality detection [J]. Journal of Monetary Economics. 1981.

[276] Ingersoll, Jonathan. E. and Stephen Ross, Waiting to Invest: Investment and Uncertainty [J]. the Journal of Business, 1992 (65).

[277] Jacob raude, Age Structure and the Real Exchange Rate [J]. Discussion Paper Series 2000 (10).

[278] Jaffee, Dwight and Joseph Stiglitz. Credit Rationing. Hankbook of Monetary Economics. Vol2 [J]. Elsevier Science Publisher B. V. 1990.

[279] John Caldwell. Toward a Restatement of Demographic Transition Theory [J]. Population and Development Review, 1976. Vol. 2. No. 3/4.

[280] John Lee, Pitfalls of an Aging China [J]. The National Interest, January 2, 2013.

[281] John Morgan, IMF Economist: The Elderly May Be Dampening the Impact of Stimulus Efforts [R]. Thursday, 12 Sep 2013 08: 08 AM. http: //www. moneynews. com/Economy/IMF-Imam-central-bank-population/2013/09/12/id/525269#ixzz2lq7PVVdX.

[282] Kashyap, A . K, Stein, J. C, Wilcox, D . W. Monetary Policy and Credit Conditions: Evidence from the Composition of External Finance [J]. The American Economic Review, 1993, 83 (1).

[283] Kelley and Schmidt, Saving, Dependency and Development [J]. Journal of Population Economics, 1996, 9 (4).

[284] Keynes, J. M. Essays in Persuasion, Vol. 9 [J]. The Collected Writtings of John Maynard Keynes. London: Macmillan for the Royal Economic Society. 1971.

[285] Kim, S, Jong. W. L. Demographic Changes, Saving, and Current Account: An Analysis of Panel VAR Model [J]. Japan and the World Economy. 2008 (20).

[286] Kingsley Davis, The Myth of Functional Analysis as a Special Method in Sociology and Anthropology [J]. American Sociological Review, Vol. 24, No. 6, 1959 (11).

[287] Kingsley Davis, The Theory of Change and Response in Modern Demographic History [J]. Populationl, Idex, Vol. 29, No. 4. 1963.

[288] KregelJ. A. Margins of Safety and Weight of the Argumentin Generating Financial Fragility [J]. Journalof Economics Issues. 1997.

[289] Lee, Mason, Miller. From transfers to individual responsibility, Implications for savings and capital accumu-lation in Taiwan and the United States [J]. Institute for Fu-ture Studies. 2000.

[290] Luigi Guiso&Michael Haliassos&Tullio Jappelli, Household Stockholding in Europe: Where Do We Stand and Where Do We Go? [J]. University of Cyprus Working Papers in Economics 0209, University of Cyprus Department of Economics. 2002.

[291] Li, Hongbin, Zhang, Jie and Zhang, Junsen, Effects of Longevity and Dependency Rates on Saving and Growth: Evidence from a Panel of Cross Countries, Journal of Development Economics, 2007, 84 (1).

[292] Li, Hongbin and Zhang, Jansen. Do High Birth Rates Hamper Economic Growth? Review of Economics and Statistics, 2007, 89 (1).

[293] Lindh, Thomas, Bo Malmberg. Age Structure Effects and Growth in the OECD, 1950-1990 [J]. Journal of Population Eeonomics, 1999, 12.

[294] Mankiw, N. G., and Weil, D. N., The Baby Boom, the baby Bust and the Housing Market [J] Regional Science and Urban Economics, 1989, 19.

[295] Mario Catalan, Jaime Guajardo, W. Hoffmaister, Coping with Spain's Aging: Retirement Rules and Incentives (EPub) [J] IMF Working Papers, 2010.

[296] Maurice Obstfeld and Kenneth Rogoff, Exchange Rate Dynamics Redux [J] The Journal of Political Economy, Vol. 103, No. 3, 1995.

[297] Miron J A, Romer C D, Weil D N. Historical perspectives on the monetary transmission mechanism [J]. Monetary policy. 1994.

[298] Mishkin F. Illiquidity, Consumer Durable Expenditure, and Monetary Policy [J]. The American Economist, 1976, 66 (4).

[299] Mishkin F. Symposium on the Monetary Transmission Mechanism [J]. Journal of Econometrics, 1995, 9.

[300] Mishkin F. The Transmission Mechanism and the Role of Asset Prices in Monetary Policy [A]. NBER working paper, 2001.

[301] Minsky, Hyman. The Financial Fragility Hypothesis: Capitalist Process and the Behavior of the Economy [J]. Financial Crisis. 1982.

[302] Miles, David, Modeling the Impact of Demographic Change upon the Economy [J]. Economic Journal, 1999, vol. 109: 1-36.

[303] Miles, David, Should Monetary Policy be Different in a Greyer World? in Alan Auerbach&Heinz Hermann, eds. Aging, Financial Markets and Monetary Policy, Springer 2002.

[304] Modigliani F, Brumberg R. Utility analysis and the consumption function: an interpretation of cross-section data [M]. Post-Keynesian economics, 1954.

[305] Modigliani, Franco, Richard Brumberg. Utility Analysis and the Consumption Function: An Interpretation of Cross-Section Data [A]. The Collected Papers of Franco Modigliani. London: The MIT Press, 2005.

[306] Modigliani, Franco, Shi Larry Cao. The Chinese Saving Puzzle and the Life-Cycle Hypothesis [J]. Journal of Eeonomic Literature, 2004a, 42 (1).

[307] Modigliani, Franco, Shi Larry Cao. The Chinese Saving Puzzle and the Life-Cycle Hypothesis [J]. Journal of Eeonomic Literature, 2004b, Vol. 42, No. 1.

[308] Mundell, Robert A. Inflation and Real Interest [J]. Journal of Political Economy, 1963, 71 (3).

[309] Mundell, Robert A. Capital mobility and stabilization policy under fixed and flexible exchange rates [J]. Canadian Journal of Economic and Political Science, 1963. 29 (4).

[310] Nicholas Barr, Notional Defined Contribution Pensions: Mapping the Terrain Conference on NDC Pensons. 2003.

[311] Obstfeld, Maurice, Kenneth Rogoff. Exchange rate dynamics redux [J]. Journal of Political Economy, 1995, 103.

[312] Obstfeld, Mauriee, Kenneth Rogoff. The Six Major Puzzles in International Macroeconomies: Is There a Common Cause? [J]. NBER Macroeconomies Annual 2000, 15.

[313] Paul S. L. YIP and TAN Khye Chong. ImPacts of aging Population on monetary and exchange rate management in Singapore [J]. Singapore Economic Review, 2005, 53 (2).

[314] Poterba, James M. Demographic Structure and Asset Returns [J]. Review of Economies and Statistics, 2001 (83).

[315] Poterba, James M. The Population Aging and Financial Markets [J]. NBER Working Paper, Massachusetts Institute of Technology. 2004 (8).

[316] Poterba, James M. and Steven Venti, David A Wise, the Transition to Personal Accounts and Increasing Retirement Wealth: Macro and micro Evidence [J]. NBER working paper#8610, 2001.

[317] Ralph C. Bryant, and Warwick J. McKibbin, Issues in Modeling the Global Dimensions of Demographic Change [R]. Brookings Discussion Papers in International Economics, December 1998.

[318] Rose, Andrew K., Saktiandi SuPaat, Jacob Braude. Fertility and the Real Exchange Rate [J]. Canadian Journal of Economies, 2009, 42 (2).

[319] Ruhul Salim and Kamrul Hassan, Exploring the Relationship between Population Age Structure and Real Exchange Rate in OECD Countries [J]. Proceedings of 7th Global Business and Social Science Research Conference 13-14 June, 2013.

[320] Samuelson, Paul A. An Exact Consumption – Loan Model of Interest with or without the Social Contrivance of Money [J]. Journal of Political Eeonomy, 1958, 66.

[321] Siegel, Jeremy J. The Future for Investors: Why the Tried and the True Triumph Over the Bold and the New [M]. Crown Business, New York, 2005.

[322] Sims C A. Macroeconomics and Reality [J]. Econometrica, 1980 (48).

[323] Smets. F, Financial Asset Prices and Monetary Policy: Theory and Evidence [R]. BIS Working Paper, 1997.

[324] Spengler, Joesoph. The Population Obstacle to Eeonomic Betterment [J]. The American Economic Review, 1951, 41 (2).

[325] Sprinkle B. W. Money and stock Priees [M]. Homewood, IL: Riehard D. lrwin, 1964.

[326] Taylor, J. B. Low Inflation, Pass – Through, and the Pricing Power of Firms [J]. European Economic Review, 2000, 44 (7).

[327] Taylor, John B. Alternative Views of the Monetary Transmission Mechanism: What Difference Do They Make for Monetary Policy? [J] Oxford Review of Education, 2000, 16.

[328] Tobin J. A Gerneral Equilibrium Approach to Monetarytheory [J]. Journal of Money, Credit, and Banking, 1969 (2).

[329] Tobin, James. Life Cycle Saving and Balanced Growth [A]. Ten economic studies in the tradition of lrving Fisher. New York: Wiley, 1967.

[330] Tristan Nguyen, Ralf Stüzle, Implications of an Aging Population on Pension Systems and Financial Markets [J]. Received December 2, 2011; revised January 25, 2012; Accepted February 2, 2012.

[331] Tufano P., Financial Innovation [M]. Handbook of theEconomics of Finance. George Constantinides, Milt Harris and Rene Stulz, North Holland, 2002.

[332] Walsh, C., Monetary Theory and Policy [M]. Cambridge,

Ma: MIT Press, 1998.

[333] Van Horne J. C., Of Financial Innovations and Excesses [J]. The Journal of Finance, 1985 (15).

后记——100 度的感悟

　　本书是笔者博士学位论文的主体和扩展，也是笔者攻读完现行所有学历教育的总结与概括。论文从构思到写作共有年余，2014 寒假春节基本不休，龟缩办公室敲打键盘。期间因眼镜镜片被小儿不慎破损，到西财光华校区北二门外的眼镜店换镜验光时，没料到双眼近视已增 100 度。

　　100，在数学中表示 3 位数中最小的合数、自然数、偶数、平方数，在物理学中表示水的沸点在 1 个标准大气压下为摄氏 100 度。100 在大部分考试中代表满分，意味着圆满和极致。100 含有众多的意思，如百科全书、百字书、百字图，100 还沉淀着历史，如百日维新、百团大战；100 还成了美满幸福的象征，有情有爱有香奈，美国香奈哈波品牌的标志。

　　而 100 对于我，不仅是近视 100 之增加，更有着从学经历的感悟——百感交集。

　　2008 年入学至毕业达 6 年，看似漫长，却亦如白驹过隙。艰难的课程学习结束后，行百里者半九十，论文选题几多波折，百欲放弃，师长学友百喙一词，百挺坚持。在此感谢导师王学义先生，感谢杨成刚教授、陈明立教授、张俊良教授、俞德怡老师等众多老师百般支持与厚爱，感念一同学习的同窗好友，砥砺提携，终成学业。论文预答辩及答辩过程中，感谢何景熙教授、邵昱研究员、姜玉梅教授等师长的建议、指点与帮助。本书的出版，得益于西南财经大学"中央高校基本科研业务费专项资金"2014 年度"专著出版与后期资助"项目的资助以及出版社同仁的支持。

　　博士学习期间，百福具臻，众多领导同事百力提携，从西财"两中心"党总支到校长办公室，再到继续（网络）教育学院，自己百无一是，但百卉千葩集于一身，感激所有领导的厚爱与支持，众多同学同事的宽容与帮助。

博士研究生入学时，小儿蹒跚学步，百伶百俐，待我毕业时已学堂西序，已至童年。父母妻儿的支持与期盼，成为我不再驻足的动力与源泉。

而今百草权舆，百花烂漫，定当百尺竿头，付诸百分之百努力，竭力百举百全，以酬100度之期愿。